서울대 한국어+ Workbook

서울대학교 언어교육원 지음
장소원 | 김정현 | 김민희 | 박미래

3B

서울대학교출판문화원

머리말
Preface

《서울대 한국어+ Workbook 3B》는 《서울대 한국어+ Student's Book 3B》의 부교재로, 주교재로 이루어지는 학습을 보완하기 위해 개발되었습니다. 어휘, 문법과 표현을 다양한 상황 속에서 연습해 보고 복습 단원을 통해 종합적으로 정리해 볼 수 있도록 하였습니다.

어휘는 실생활에서 활용할 수 있도록 담화 상황을 고려하여 문제를 구성하였고, 문법과 표현을 묻는 문제는 정확성과 유창성 향상에 초점을 맞췄습니다. 다양한 맥락에서 어휘, 문법과 표현의 정확한 의미를 익히고 학습자 스스로 유의미한 담화를 구성할 수 있도록 집필하였습니다.

또한 세 단원마다 복습 단원을 배치함으로써 학습 내용을 점검하고 정리할 수 있도록 하였습니다. 복습 단원은 말하기, 듣기, 읽기, 쓰기, 발음으로 구성하였습니다. 말하기 활동은 이미 학습한 어휘, 문법과 표현을 확인하고 이를 활용해 유창성을 기를 수 있도록 하였습니다. 듣기와 읽기는 주교재의 주제와 기능을 확장한 문제를 통해 학습자 스스로 이해 능력을 점검할 수 있도록 하였습니다. 쓰기는 정확성을 기를 수 있는 간단한 문장, 담화 완성 활동과 주어진 주제로 짧은 글을 완성할 수 있는 활동으로 구성하였습니다. 마지막으로 발음은 주교재에서 학습한 내용을 정리하고 연습할 수 있도록 하였습니다.

이 책이 나오기까지 정말 많은 분들의 수고가 있었습니다. 서울대학교 국어국문학과 장소원 교수님은 《서울대 한국어+》 1~6급 교재의 기획, 교재 개발을 위한 사전 연구와 집필, 출판에 이르는 전체적인 과정을 총괄해 주셨고, 3급 교재의 집필을 총괄한 김정현 선생님을 비롯해서 김민희, 박미래 선생님은 오랜 기간 원고 집필뿐 아니라 편집, 출판 작업을 꼼꼼하게 진행해 주셨습니다. 또한 3급 워크북의 감수를 맡아 주신 안경화 교수님, 워크북 내용을 검토해 주신 송계령, 최지훈 선생님의 도움이 없었다면 지금과 같은 책의 완성도를 기대하기 어려웠음을 잘 알고 있습니다. 깊이 감사드립니다. 그리고 영어 번역을 맡아 주신 이소명 번역가와 번역 감수를 맡아 주신 UCLA 손성옥 교수님, 그리고 멋진 삽화 작업으로 빛나는 책을 만들어 주신 ㈜예성크리에이티브 분들께도 감사드립니다. 또 녹음을 담당해 주신 성우 이상운, 조경아 선생님과 2022년 여름학기에 새 교재의 시범 단원으로 수업을 하신 후 소중한 의견을 주신 3급 정규반의 김정교, 성석제, 신희랑, 이명희, 이창용 선생님께도 진심으로 감사의 말씀을 드립니다. 마지막으로 학술 도서와 전혀 성격이 다른 한국어 교재의 출판을 결정하고 물심양면으로 지원해 주신 서울대학교출판문화원 이경묵 원장님과, 밤낮을 가리지 않고 고생을 감수하신 실무진 여러분들께도 깊이 감사드립니다.

2023년 4월
서울대학교 언어교육원 원장
장윤희

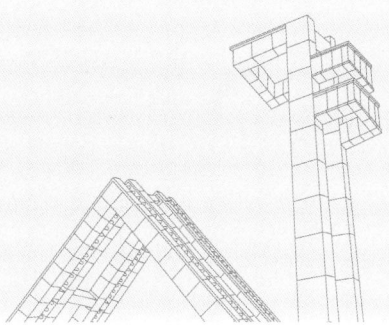

SNU Korean⁺ Workbook 3B is a supplementary material to complement *SNU Korean⁺ Student's Book 3B*. Learners can practice vocabulary, grammar, and expression in a variety of situations and comprehensively learn through the review units.

Vocabulary questions are designed to be used in real-life settings, while grammar and expression questions are focused on improving accuracy and fluency. The workbook is intended so that learners may independently acquire the meaning of vocabulary, grammar, and expression in a variety of situations and compose meaningful dialogue.

Furthermore, review units are set up for each of the three units, allowing the learning information to be checked and organized. The review unit includes speaking, listening, reading, writing, and pronunciation. Speaking is intended to check previously learned vocabulary, grammar, and expression as well as increase fluency. For listening and reading, learners can check their comprehension skills through questions that expand the topics and functions of the Student's Book. Writing consists of increasing accuracy by completing simple sentences and discourses to develop accuracy on a given topic. Lastly, pronunciation is designed to organize and practice the contents learned in the Student's Book.

A lot of dedication went into the publication of this book. I would like to express my sincere gratitude to everyone who contributed to this project. Thank you to Seoul National University Professor Chang Sowon at the Department of Korean Language and Literature, for overseeing the entire project, beginning with the preliminary research for the development of *SNU Korean⁺* Levels 1-6, Seoul National University LEI Instructor Kim Junghyun, for supervising the authoring of Level 3, and Seoul National University LEI Instructors Kim Minhui and Park Mirae, for writing, reviewing, and editing the manuscript to produce the overall completion of *SNU Korean⁺* Level 3. My deepest thanks to former Seoul National University LEI Professor Ahn Kyunghwa, Seoul National University LEI Instructors Song Gye Ryeong and Choi Jihoon because the Level 3 workbooks could not have been developed without their help. Thanks to translator Lee Susan Somyung, translation supervisor UCLA Professor Sohn Sung-Ock, and the YESUNG Creative artists for the stunning illustrations. Many thanks to the voice actors Lee Sangun and Cho Kyung-ah, along with Seoul National University LEI Level 3 Instructors Kim Jeongkyo, Seong Seogje, Shin Heerang, Lee Myunghee, and Lee Changyong, who provided insightful feedback after using the sample unit as a pilot in the summer semester of 2022. Lastly, a special thanks to Seoul National University Press Director Lee Kyungmook for providing financial and spiritual support and deciding to publish these Korean textbooks, as well as everyone for working tirelessly on this project.

April 2023
Jang Yoonhee
Executive Director
Language Education Institute, Seoul National University

일러두기 How to Use This Book

《서울대 한국어+ Workbook 3B》는 《서울대 한국어+ Student's Book 3B》의 부교재로 10~18단원과 복습 4~6으로 구성되었다. 각 단원은 두 개의 과로 구성되며 각 과는 '어휘' 연습, '문법과 표현' 연습으로 이루어져 있다. 복습은 '말하기, 듣기, 읽기, 쓰기, 발음'으로 구성되어 있다.

SNU Korean+ Workbook 3B is a supplementary material to compliment the ***SNU Korean+ Student's Book 3B***, and it is made up of Units 10-18 and Reviews 4-6. Each unit consists of two lessons, and each lesson has Vocabulary Practice and Grammar & Expressions Practice. The review consists of Speaking, Listening, Reading, Writing, and Pronunciation.

각 단원에서 학습 목표로 삼는 '어휘'와 '문법과 표현'을 제시하여 학습할 내용을 파악할 수 있도록 하였다.

The Vocabulary and Grammar & Expression selected for learning goals in each unit are presented to introduce the material.

어휘 Vocabulary

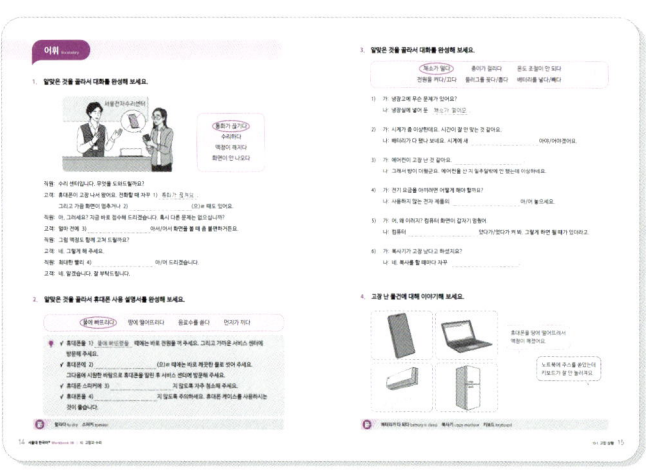

주제별로 선정된 목표 어휘를 사용할 수 있는 상황을 확인하고, 대화나 문장, 담화 안에서의 어휘의 의미를 이해할 수 있도록 하였다. 또한 유의미한 연습을 통해 어휘 사용 능력을 향상시킬 수 있다.

Vocabulary to confirm the usage situation of the selected target vocabulary for each topic and understand the meaning of the vocabulary through conversations, sentences, or discourse is offered. Also, vocabulary usage skills are improved through meaningful practices.

문법과 표현 Grammar & Expression

문법과 표현의 의미와 사용 상황을 익힐 수 있도록 대화, 문장, 텍스트 단위에서 내용을 파악하고 완성하는 연습으로 구성하였다. 또한 말하기 연습을 위해 문법과 표현을 활용하여 학습자들이 스스로 짧은 담화를 생성할 수 있도록 하였다.

Practice exercises are divided into conversational, sentence, and text units to help learners understand the meaning of grammar and expression, and use cases. Moreover, learners can practice speaking and creating short discourses using grammar and expression.

대화 연습 Conversation Practice

제시어나 그림을 활용하여 짧은 대화를 완성한다.

Learners complete short conversations by using the suggested words or pictures.

문장 연습 Sentence Practice

제시어, 그림, 문장을 해석하여 짧은 문장을 완성한다.

Learners complete short sentences by interpreting the suggested words, pictures, and sentences.

유의미한 연습 Meaningful Practice

제시된 상황 또는 질문에 맞게 학습자 자신의 생각과 경험에 대해 이야기해 본다.

Learners talk about their thoughts and experiences according to the situation or question.

복습 Review

세 단원마다 제시되는 복습에서는 각 단원에서 학습한 내용과 연계하여 말하기, 듣기, 읽기, 쓰기, 발음을 영역별로 복습할 수 있도록 구성하였다.

Review consists of exercises every three units in relation to the materials learned in each section — speaking, listening, reading, writing, and pronunciation — to help with practice.

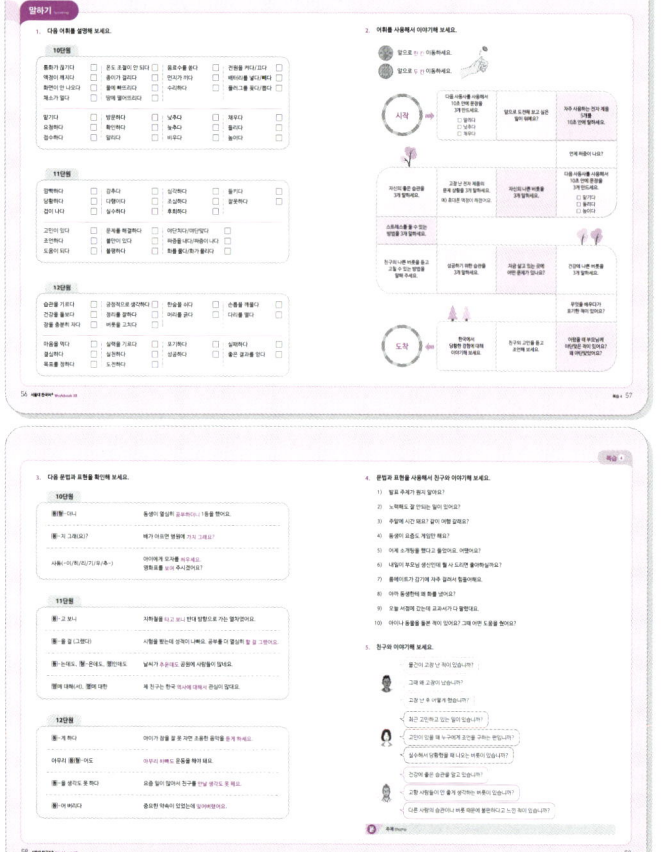

말하기 Speaking

목표 어휘와 목표 문법 목록을 제시하여 앞선 세 단원에서 학습한 내용을 확인할 수 있도록 하였다. 어휘, 문법과 표현을 활용한 말하기 활동을 통해 학습자 간에 소통하고 유창성을 기를 수 있도록 구성하였다.

Speaking is composed of a list of target vocabulary and grammar & expression from the previous three units. Speaking activities that use vocabulary, grammar, and expression help learners improve their communication and fluency.

듣기 Listening

학습한 주제, 어휘, 문법과 표현과 관련된 다양한 내용의 듣기 자료를 문제와 함께 제공하여 학습자의 이해 능력과 듣기 유창성을 향상시키고자 하였다.

Learners' comprehension and listening fluency will be improved by providing various listening materials related to the topic, vocabulary, grammar, and expression.

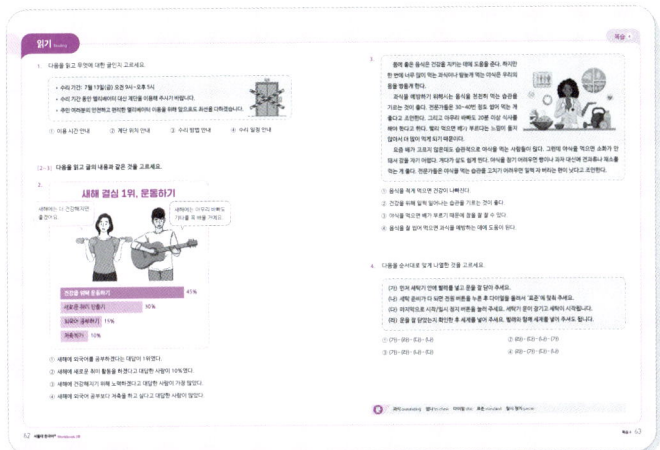

읽기 Reading

학습한 주제, 어휘, 문법과 표현과 관련된 다양한 내용의 읽기 자료를 문제와 함께 제공하여 학습자의 이해 능력과 읽기 유창성을 향상시키고자 하였다.

Reading consists of various reading materials related to topic, vocabulary, grammar, and expression along with questions to improve comprehension and reading fluency.

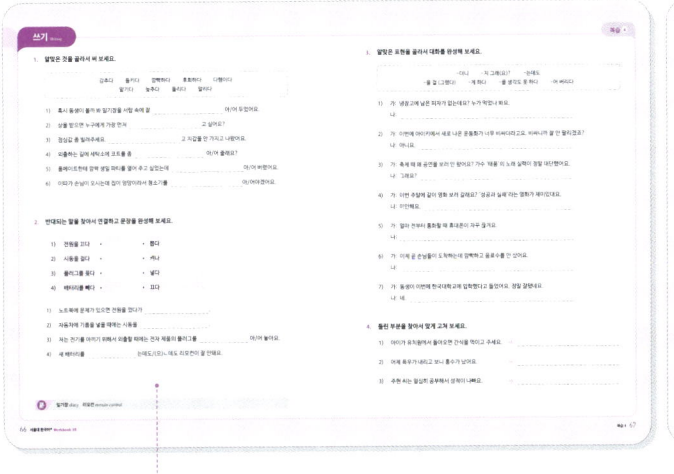
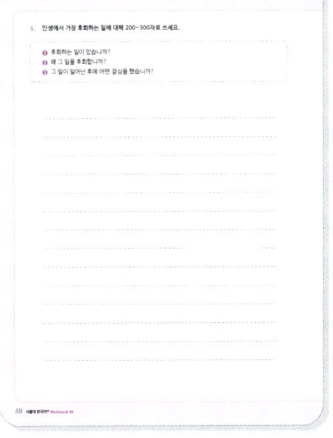

쓰기 Writing

정확성과 유창성을 기를 수 있도록 대화, 문장 단위 완성형 쓰기와 짧은 글쓰기 연습으로 구성하였다.

Writing consists of sentence and conversation completion as well as short writing practices to improve accuracy and fluency.

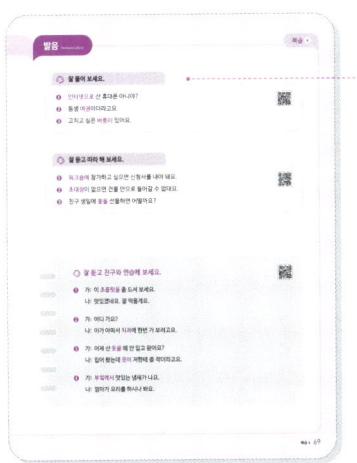

발음 Pronunciation

주교재에서 학습한 발음을 정리하고 연습을 통해 정확성을 향상시키도록 구성하였다.

Pronunciation consists of reviews and exercises of the materials learned in the Student's Book to improve accuracy.

부록 Appendix

'듣기 지문'과 '모범 답안'으로 구성된다.
The appendix consists of the Listening Script and Answer Key.

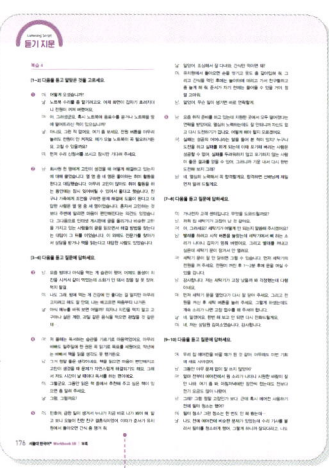

모범 답안 Answer Key

각 과의 '어휘, 문법과 표현' 문제, 복습의 '말하기, 듣기, 읽기, 쓰기' 문제에 대한 모범 답안을 제공한다.

The answers are provided for each lesson's questions on Vocabulary, Grammar & Expression as well as the review for Speaking, Listening, Reading, and Writing.

듣기 지문 Listening Script

복습 듣기의 지문을 제공한다.

The scripts for the listening review are provided.

차례
Table of Contents

머리말 Preface		• 2
일러두기 How to Use This Book		• 4
교재 구성표 Scope and Sequence		• 10

3B

10단원	고장과 수리 Malfunctions & Repairs	10-1. 고장 상황 Malfunction Situations	• 14
		10-2. 수리 요청 Repair Requests	• 20
11단원	실수와 고민 Mistakes & Concerns	11-1. 실수와 후회 Mistakes & Regrets	• 30
		11-2. 고민과 조언 Concerns & Advice	• 36
12단원	습관의 중요성 Importance of Routines	12-1. 습관과 버릇 Routines & Habits	• 44
		12-2. 계획과 실천 Planning & Taking Action	• 50
복습 4 Review 4			• 56
13단원	연애와 결혼 Dating & Marriage	13-1. 연애의 조건 Conditions of Dating	• 72
		13-2. 사랑 이야기 Love Story	• 78
14단원	고향의 어제와 오늘 Hometown's Past & Future	14-1. 도시와 시골 City & Countryside	• 86
		14-2. 현재와 미래 Present & Future	• 92
15단원	건강한 몸과 마음 Healthy Body & Mind	15-1. 튼튼한 몸 Strong Body	• 100
		15-2. 건강한 마음 Healthy Mind	• 106
복습 5 Review 5			• 112
16단원	일과 직업 Work & Occupations	16-1. 아르바이트 Part-time job	• 128
		16-2. 일하고 싶은 곳 Place you want to work at	• 134
17단원	특별한 날 Special Days	17-1. 기념일 Anniversary	• 142
		17-2. 소중한 기억 Precious Memories	• 148
18단원	연극 Play	18-1. 흥부와 놀부 Heungbu & Nolbu	• 156
복습 6 Review 6			• 162

| 부록 Appendix |

듣기 지문 Listening Script	• 176
모범 답안 Answer Key	• 180

교재 구성표
Scope and Sequence

단원 제목 Unit Title		어휘 Vocabulary	문법과 표현 Grammar & Expression
10. 고장과 수리 Malfunctions & Repairs	10-1. 고장 상황 Malfunctions Situations	고장 Malfunctions	• 동형-더니 • 동-지 그래(요)?
	10-2. 수리 요청 Repair Requests	요청 Requests	• 사동(-이/히/리/기/우/추-)
11. 실수와 고민 Mistakes & Concerns	11-1. 실수와 후회 Mistakes & Regrets	실수 Mistakes	• 동-고 보니 • 동-을 걸 (그랬다)
	11-2. 고민과 조언 Concerns & Advice	고민과 해결 Concerns & Resolutions	• 동-는데도, 형-은데도, 명인데도 • 명에 대해(서), 명에 대한
12. 습관의 중요성 Importance of Routines	12-1. 습관과 버릇 Routines & Habits	습관과 버릇 Routines & Habits	• 동-게 하다 • 아무리 동형-어도
	12-2. 계획과 실천 Planning & Taking Action	계획과 실천 Planning & Taking Action	• 동-을 생각도 못 하다 • 동-어 버리다
복습 4 Review 4			
13. 연애와 결혼 Dating & Marriage	13-1. 연애의 조건 Conditions of Dating	연애의 조건 Conditions of Dating	• 동-으려면 멀었다 • 동형-잖아(요), 명이잖아(요)
	13-2. 사랑 이야기 Love Story	사랑의 감정 Emotions of Love	• 동형-으면 동형-을수록 • 동-는 척하다, 형-은 척하다, 명인 척하다
14. 고향의 어제와 오늘 Hometown's Past & Future	14-1. 도시와 시골 City & Countryside	도시와 시골 생활 City & Country Life	• 동형-었던, 명이었던 • 동형-을걸(요), 명일걸(요)
	14-2. 현재와 미래 Present & Future	변화 Changes	• 명만큼 • 동형-지 않으면 안 되다

	단원 제목 Unit Title	어휘 Vocabulary	문법과 표현 Grammar & Expression
15. 건강한 몸과 마음 Healthy Body & Mind	15-1. 튼튼한 몸 Strong Body	몸 상태 Physical Condition	• 동-었더니 • 명이라도
	15-2. 건강한 마음 Healthy Mind	정신 건강 Mental Health	• 동-느라(고) • 동형-었어야 하다, 명이었어야 하다
복습 5 Review 5			
16. 일과 직업 Work & Occupations	16-1. 아르바이트 Part-time Job	구직 활동 Looking for a Job	• 동-는 모양이다, 형-은 모양이다, 명인 모양이다 • 동형-어야 할 텐데, 명이어야 할 텐데
	16-2. 일하고 싶은 곳 Place you want to work at	근무 조건 Working Conditions	• 동-는다면, 형-다면, 명이라면 • 누구든(지), 언제든(지), 어디든(지), 무엇이든(지)
17. 특별한 날 Special Days	17-1. 기념일 Anniversary	기념일 Anniversary	• 동-으려던 참이다 • 얼마나 동-는지 모르다, 얼마나 형-은지 모르다
	17-2. 소중한 기억 Precious Memories	잊지 못할 기억 Unforgettable Memories	• 동형-다니(요), 명이라니(요) • 동-는 대신(에), 형-은 대신(에)
18. 연극 Play	18-1. 흥부와 놀부 Heungbu & Nolbu	흥부와 놀부 Heungbu & Nolbu	• 동-는다니까(요), 형-다니까(요), 명이라니까(요) • 동-고 말다
복습 6 Review 6			

10

고장과 수리 Malfunctions & Repairs

10-1 고장 상황
10-2 수리 요청

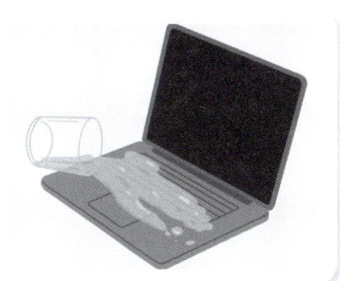

10-1	어휘	고장
	문법과 표현	동형-더니
		동-지 그래(요)?
10-2	어휘	요청
	문법과 표현	사동(-이/히/리/기/우/추-)

어휘 Vocabulary

1. 알맞은 것을 골라서 대화를 완성해 보세요.

통화가 끊기다
수리하다
액정이 깨지다
화면이 안 나오다

직원: 수리 센터입니다. 무엇을 도와드릴까요?

고객: 휴대폰이 고장 나서 왔어요. 전화할 때 자꾸 1) <u>통화가 끊겨요</u>.
그리고 가끔 화면이 멈추거나 2) _____ (으)ㄹ 때도 있어요.

직원: 아, 그러세요? 지금 바로 접수해 드리겠습니다. 혹시 다른 문제는 없으십니까?

고객: 얼마 전에 3) _____ 아서/어서 화면을 볼 때 좀 불편하거든요.

직원: 그럼 액정도 함께 고쳐 드릴까요?

고객: 네. 그렇게 해 주세요.

직원: 최대한 빨리 4) _____ 아/어 드리겠습니다.

고객: 네. 알겠습니다. 잘 부탁드립니다.

2. 알맞은 것을 골라서 휴대폰 사용 설명서를 완성해 보세요.

물에 빠뜨리다   땅에 떨어뜨리다   음료수를 쏟다   먼지가 끼다

- ✓ 휴대폰을 1) <u>물에 빠뜨렸을</u> 때에는 바로 전원을 꺼 주세요. 그리고 가까운 서비스 센터에 방문해 주세요.
- ✓ 휴대폰에 2) _____ (으)ㄹ 때에는 바로 깨끗한 물로 씻어 주세요. 그다음에 시원한 바람으로 휴대폰을 말린 후 서비스 센터에 방문해 주세요.
- ✓ 휴대폰 스피커에 3) _____ 지 않도록 자주 청소해 주세요.
- ✓ 휴대폰을 4) _____ 지 않도록 주의하세요. 휴대폰 케이스를 사용하시는 것이 좋습니다.

 말리다 to dry   스피커 speaker

3. 알맞은 것을 골라서 대화를 완성해 보세요.

> 채소가 얼다   종이가 걸리다   온도 조절이 안 되다
> 전원을 켜다/끄다   플러그를 꽂다/뽑다   배터리를 넣다/빼다

1) 가: 냉장고에 무슨 문제가 있어요?
   나: 냉장실에 넣어 둔 <u>채소가 얼어요</u>.

2) 가: 시계가 좀 이상한데요. 시간이 잘 안 맞는 것 같아요.
   나: 배터리가 다 됐나 보네요. 시계에 새 _____ 아야/어야겠어요.

3) 가: 에어컨이 고장 난 것 같아요. _____.
   나: 그래서 방이 더웠군요. 에어컨을 산 지 일주일밖에 안 됐는데 이상하네요.

4) 가: 전기 요금을 아끼려면 어떻게 해야 할까요?
   나: 사용하지 않는 전자 제품의 _____ 아/어 놓으세요.

5) 가: 어, 왜 이러지? 컴퓨터 화면이 갑자기 멈췄어.
   나: 컴퓨터 _____ 았다가/었다가 켜 봐. 그렇게 하면 될 때가 있더라고.

6) 가: 복사기가 고장 났다고 하셨지요?
   나: 네. 복사를 할 때마다 자꾸 _____.

4. 고장 난 물건에 대해 이야기해 보세요.

> 휴대폰을 땅에 떨어뜨려서 액정이 깨졌어요.

> 노트북에 주스를 쏟았는데 키보드가 잘 안 눌러져요.

배터리가 다 되다 battery is dead   복사기 copy machine   키보드 keyboard

문법과 표현 1 　동형-더니

1. 그림을 보고 문장을 만들어 보세요.

1)  작년 겨울에는 눈이 많이 내렸어요. 올해 겨울에는 눈이 안 와요.
   ➡ 작년 겨울에는 눈이 많이 내리더니 올해 겨울에는 눈이 안 와요.

2)  두 사람이 싸워서 어제까지 말도 안 했어요. 오늘은 잘 지내요.
   ➡ _____.

3)  동생이 어렸을 때는 책을 많이 읽었어요. 요즘은 컴퓨터 게임만 해요.
   ➡ _____.

4)  아침에는 길이 복잡했어요. 지금은 한산해요.
   ➡ _____.

5) 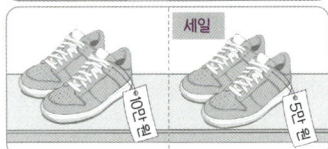 지난주에는 운동화가 비쌌어요. 이번 주에는 가격이 저렴해졌어요.
   ➡ _____.

2. 그림을 보고 문장을 만들어 보세요.

1)  동생이 어렸을 때부터 똑똑했어요. 　과학자가 됐어요.
   ➡ 동생이 어렸을 때부터 똑똑하더니 과학자가 됐어요.

2)  친구가 열심히 운동했어요. 　건강해졌어요.
   ➡ _____.

3)  언니가 주말에도 쉬지 않고 일했어요. 　병원에 입원했어요.
   ➡ _____.

 과학자 scientist

4) 형이 요리하는 것을 좋아했어요.   요리사가 됐어요.
→ _____.

5) 하늘이 흐려졌어요.   비가 내리기 시작했어요.
→ _____.

3. 대화를 완성해 보세요.

1) 가: 시계가 멈췄어요. 고장이 났나 봐요.
   나: 네. 어제부터 시간이 조금씩 느려지더니 이제 완전히 멈췄네요.

2) 가: 친구가 어렸을 때부터 노래를 잘 불렀어요?
   나: 네. _____.

3) 가: 나나 씨가 감기에 걸렸나 봐요.
   나: 네. _____.

4) 가: 지금도 밖이 시끄러워요?
   나: 아니요. _____.

5) 가: 동생이 요즘에도 매운 음식을 못 먹어요?
   나: 아니요. _____.

4. 과거와 현재를 비교해서 이야기해 보세요.

| 날씨 | 친구 | 물건값 |
| 가족 | 고향 | ? |

아침에는 비가 내리더니 지금은 그쳤어요.

어제부터 계속 폭우가 내리더니 홍수가 났어요.

조금씩 gradually   느리다 to be slow   완전히 completely

문법과 표현 ❷ 동-지 그래(요)?

1. 대화를 완성해 보세요.

1) 가: 어제까지 잘 되더니 오늘 아침부터 갑자기 난방이 안 돼요.
   나: 보일러가 고장 났나 보네요. <u>수리 기사를 부르지 그래요</u>?

2) 가: 저 많이 늦을 것 같아요. 길이 막혀서 아직도 버스 안이에요.
   나: 출근 시간이라서 아마 계속 막힐 거예요.
   _____? (지하철로 갈아타다)

3) 가: 아까 카페에 지갑을 놓고 나온 것 같아요. 어떡하지요?
   나: _____? (다시 카페에 가 보다)
   지금 가면 찾을 수 있을 거예요.

4) 가: 요즘 바빠서 운동할 시간이 없어요.
   나: _____? (점심시간에 산책하다)
   걷기 운동이 건강에 좋대요.

5) 가: 한국 친구를 사귀고 싶은데 어떻게 하면 좋을까요?
   나: _____? (동아리에 가입하다)
   동아리 활동을 하면 새로운 친구를 사귈 수 있을 거예요.

6) 가: 날씨가 하도 더워서 입맛이 없네요.
   나: _____? (냉면을 먹다)
   저는 더울 때는 시원한 음식을 먹는 게 좋더라고요.

7) 가: 친구 결혼식에 무슨 옷을 입고 가는 게 좋을까?
   나: _____? (이 하늘색 원피스를 입다)
   너한테 잘 어울릴 것 같은데.

2. 다음에 대해 친구와 이야기해 보세요.

1) 옆방에 사는 사람이 너무 시끄럽다.

2) 아침에 일찍 일어나는 게 힘들다.

3) 다음 학기 등록금이 모자랄까 봐 걱정이다.

4) 친구가 입원해서 문병을 가야 하는데 뭘 가져가야 할지 모르겠다.

3. 그림을 보고 친구와 이야기해 보세요.

 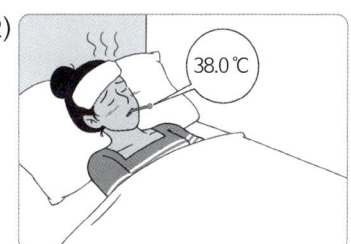 

어휘 Vocabulary

1. 그림을 보고 알맞은 것을 골라서 문장을 완성해 보세요.

> 낮추다   늦추다   알리다   돌리다   비우다   높이다   채우다

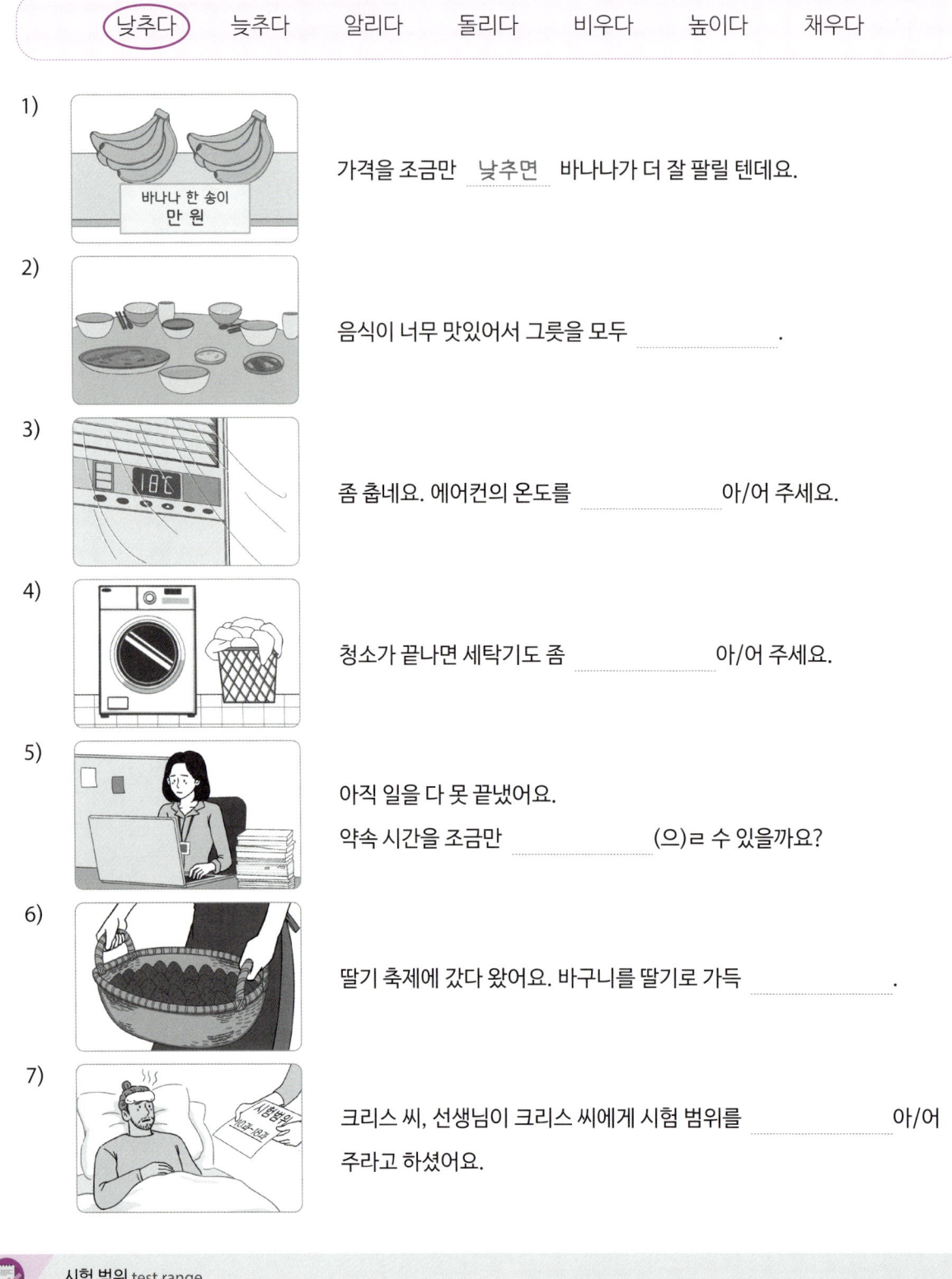

1) 가격을 조금만 <u>낮추면</u> 바나나가 더 잘 팔릴 텐데요.

2) 음식이 너무 맛있어서 그릇을 모두 _____.

3) 좀 춥네요. 에어컨의 온도를 _____ 아/어 주세요.

4) 청소가 끝나면 세탁기도 좀 _____ 아/어 주세요.

5) 아직 일을 다 못 끝냈어요. 약속 시간을 조금만 _____ (으)ㄹ 수 있을까요?

6) 딸기 축제에 갔다 왔어요. 바구니를 딸기로 가득 _____.

7) 크리스 씨, 선생님이 크리스 씨에게 시험 범위를 _____ 아/어 주라고 하셨어요.

시험 범위 test range

2. 알맞은 것을 골라서 대화를 완성해 보세요.

> 맡기다   요청하다   접수하다   방문하다   확인하다

1) 가: 왜 아까 전화를 안 받았어요?
   나: 휴대폰이 고장 나서 수리 센터에 휴대폰을 맡겼어요 .

2) 가: 이따가 회사 1층 식당에서 같이 저녁 먹을래요?
   나: 혹시 예약했어요? 그 식당은 인기가 많아서 _____ 기 전에 예약을 해야 한다고 들었어요.

3) 가: 복사기가 오래돼서 계속 종이가 걸려요.
   나: 그럼 새 복사기로 교환해 달라고 회사에 _____ 아/어 보지 그래요?

4) 가: 지난번에 노트북을 한 번 고쳤는데 또 고장이 났어요.
   나: 정말 죄송합니다. 수리 신청서를 작성하시면 _____ 아/어 드리겠습니다.

5) 가: 날씨가 갑자기 추워져서 그런지 오늘 아침에 시동이 잘 안 걸리더라고요.
   나: 그래서 겨울이 오기 전에 배터리에 문제가 없는지 미리 _____ 아야/어야 해요.

3. 알맞은 것을 골라서 이야기해 보세요.

> 볼륨을 높이다   옷을 맡기다   냉장고를 채우다
> 쓰레기통을 비우다   청소기를 돌리다

음악 소리가 너무 작아서 잘 안 들리네요.

그럼 제가 볼륨을 높일게요.

이따가 손님이 오시는데 집이 엉망이네요. 요리도 해야 하는데 어떡하지요?

쓰레기통에 쓰레기가 벌써 꽉 찼네. 지금 바로 외출해야 하는데 어떡하지?

냉장고에 먹을 게 하나도 없는데 마트에 갈 시간이 없어.

겨울 코트를 세탁해야 하는데 세탁소에 갈 시간이 없어요.

 시동을 걸다 to start (a car)   볼륨 volume   엉망이다 to be messy

문법과 표현 3 · 사동(-이/히/리/기/우/추-)

1. '-이/히/리/기/우/추-'를 사용해서 사동사를 만들어 보세요.

   1) 보다 ➡ 보이다
   2) 입다 ➡ _____
   3) 살다 ➡ _____
   4) 웃다 ➡ _____
   5) 읽다 ➡ _____
   6) 낮다 ➡ _____
   7) 높다 ➡ _____
   8) 깨다 ➡ _____
   9) 울다 ➡ _____
   10) 벗다 ➡ _____
   11) 서다 ➡ _____
   12) 늦다 ➡ _____
   13) 먹다 ➡ _____
   14) 맞다 ➡ _____
   15) 감다 ➡ _____
   16) 맡다 ➡ _____
   17) 비다 ➡ _____
   18) 타다 ➡ _____
   19) 끓다 ➡ _____
   20) 돌다 ➡ _____

2. 문장을 바꿔서 써 보세요.

   1) 아기가 우유를 먹어요. ➡ 엄마가 아기에게 우유를 먹여요.
   2) 차가 섰어요. ➡ 남자가 _____.
   3) 동생이 울었어요. ➡ 누나가 _____.
   4) 아이가 옷을 입어요. ➡ 아빠가 _____.
   5) 남자가 모자를 썼어요. ➡ 여자가 _____.
   6) 여자가 머리를 감아요. ➡ 미용사가 _____.

3. 알맞은 것을 골라서 대화를 완성해 보세요.

> 맡다   늦다   살다   자다   타다

1) 가: 내일 급하게 출장을 가게 됐는데 강아지를 <u>맡길</u> 곳이 없어요.
   나: 그럼 지연 씨한테 부탁해 보지 그래요? 지연 씨도 강아지를 키우고 있다고 들었어요.

2) 가: 갑자기 회사에 급한 일이 생겨서요. 약속 시간을 30분만 _____ 아도/어도 될까요?
   나: 네. 괜찮아요. 저도 천천히 출발할게요.

3) 가: 아이가 계속 우네요. 배가 고픈가 봐요.
   나: 아마 졸려서 그럴 거예요. 제가 _____ 아/어 볼게요.

4) 가: 뭘 그렇게 재미있게 보고 있어요?
   나: 새로 시작한 드라마를 보고 있어요. 의사가 죽어 가는 환자를 _____ 내용인데 정말 재미있어요.

5) 가: 어디까지 가세요? 제가 지하철역까지 _____ 아/어 드릴까요?
   나: 정말 감사합니다. 그럼 역 근처에 내려 주세요.

4. 틀린 부분을 찾아서 맞게 고쳐 보세요.

1) 시험에 합격하면 누구한테 제일 먼저 <u>알</u> 거예요? ➡ <u>알릴</u>

2) 저기 횡단보도 앞에서 차를 서 주세요. ➡ _____

3) 친구들에게 여행 가서 찍은 사진을 보아 주었어요. ➡ _____

4) 날씨가 너무 더워서 에어컨 온도를 낮았어요. ➡ _____

5) 햇빛이 너무 강하네요. 아이에게 모자를 좀 써 주시겠어요? ➡ _____

6) 잠깐 낮잠을 좀 자야겠어요. 30분 후에 깨 줄래요? ➡ _____

죽어 가다 to be dying

5. 알맞은 것을 연결하고 문장을 완성해 보세요.

1) 미용사	아이의	신발	씻기다
2) 코미디언	손님의	합격 소식	감기다
3) 고양이		머리	벗기다
4) 의사	강아지의	쥐	맡기다
5) 아빠		사람들	죽이다
6) 나	부모님께	환자	알리다
7) 친구		양복	살리다
8) 오빠	세탁소에	발	웃기다

1) 미용사가 손님의 머리를 감겼어요.

2)

3)

4)

5)

6)

7)

8)

6. 그림을 보고 알맞은 것을 골라서 문장을 만들어 보세요.

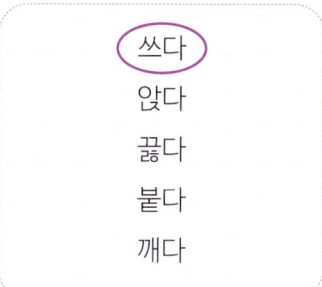

쓰다
앉다
끓다
붙다
깨다

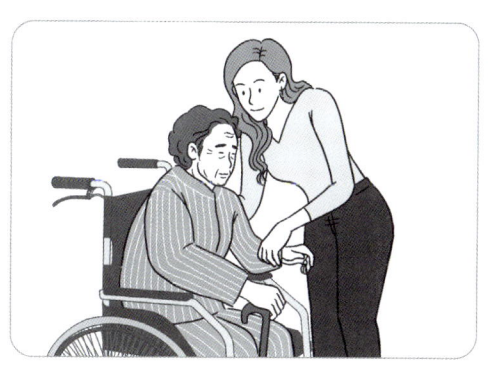

1) 다니엘이 제니에게 우산을 씌워 줬어요.

2) _____.

3) _____.

4) _____.

5) _____.

7. 친구에게 강아지를 부탁하려고 합니다. 그림을 보고 알맞은 것을 골라서 문장을 만들어 보세요.

　　　　　(먹이다)　　　입히다　　　씻기다　　　빗기다

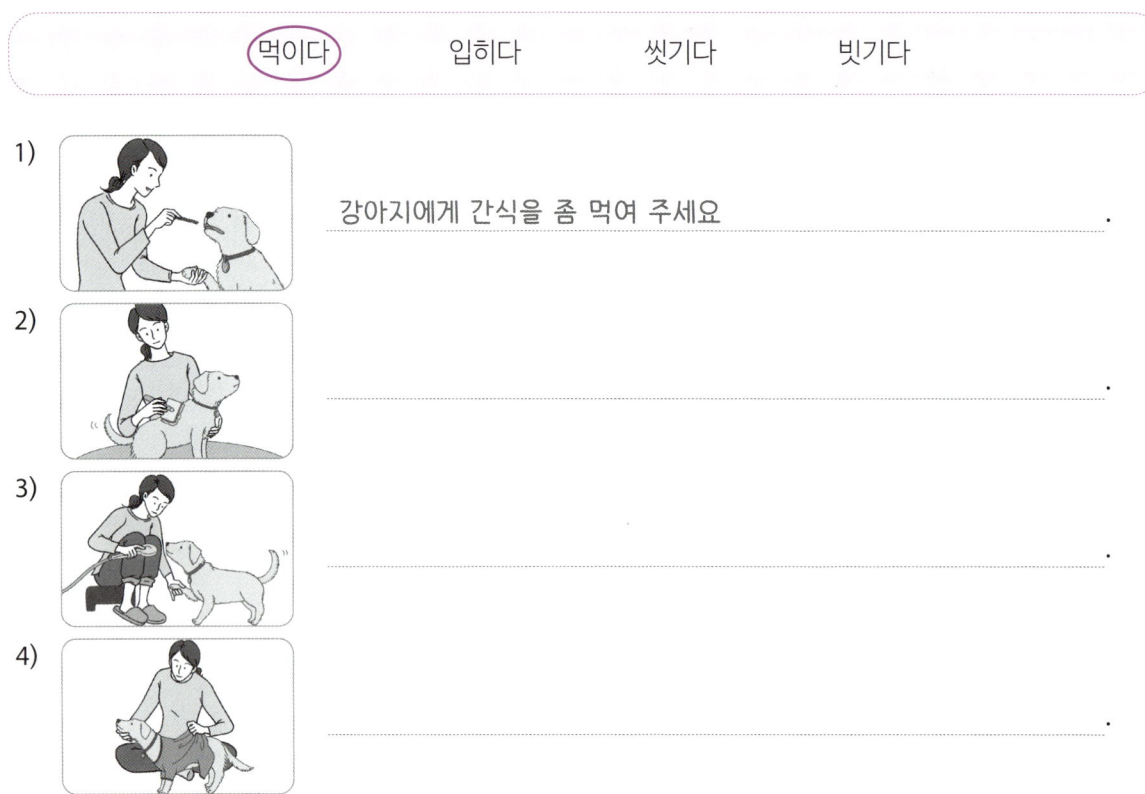

1) 강아지에게 간식을 좀 먹여 주세요.

2) _____.

3) _____.

4) _____.

8. 그림을 보고 알맞은 것을 넣어서 글을 완성해 보세요.

　　유진 씨,
　　할머니께서 병원에 계시다가 집에 오시더니 건강이 많이 좋아지셨어요. 유진 씨는 할머니가 혼자 하시기 힘든 일들을 도와드리면 되는데요. 오늘은 할머니의 머리를 좀 1) **감겨** 드리세요. 그리고 할머니께서 심심해하실 때는 책을 읽어 드리세요. 할머니께서 좋아하시는 책은 침대 옆에 놓여 있어요. 그리고 산책하실 때에는 옷을 따뜻하게 2) _____ 아/어 드리면 좋겠어요. 모자도 꼭 3) _____ 아/어 드리고요. 할머니께서는 정해진 시간에 약을 꼭 드셔야 해요. 혹시 그 시간에 낮잠을 주무시면 꼭 4) _____ 아서/어서 약을 드리세요. 오후에는 간식을 좀 챙겨 드리세요. 오늘도 할머니를 잘 부탁드려요.

9. 다른 사람이나 동물을 도와준 경험에 대해 친구와 이야기해 보세요.

저는 길고양이에게 간식을 먹여 줬어요.

저는 조카를 데리고 놀이터에 가서 그네를 태워 줬어요.

길고양이 stray cat   놀이터 playground   그네 swing

11 실수와 고민 Mistakes & Concerns

11-1 실수와 후회
11-2 고민과 조언

11-1	어휘	실수
	문법과 표현	동-고 보니
		동-을 걸 (그랬다)
11-2	어휘	고민과 해결
	문법과 표현	동-는데도, 형-은데도, 명인데도
		명에 대해(서), 명에 대한

어휘 Vocabulary

1. 알맞은 것을 골라서 글을 완성해 보세요.

> (깜빡하다) 다행이다 겁이 나다 당황하다 잘못하다

직장인들 모여라!

유진: 오늘 회사에서 중요한 회의가 있었어요. 그래서 어젯밤에 다른 날보다 일찍 잤어요. 그런데 알람 맞추는 걸 1) __깜빡해서__ 늦잠을 잤어요. 제가 2) _____ 아서/어서 회의를 망치게 될까 봐 3) _____. 그래서 지각하지 않으려고 택시를 탔는데 길이 너무 막혔어요. 할 수 없이 지하철로 갈아탔는데 이번에는 휴대폰이 보이지 않았어요. 너무 4) _____ 아서/어서 아무 생각도 나지 않더라고요. 그동안 한 번도 휴대폰을 잃어버린 적이 없었는데 정말 속상했어요. 다행히 회사에도 늦지 않았고 휴대폰도 찾았지만 앞으로 다시는 늦잠을 자지 말아야겠다고 생각했어요.

↳ **사라**: 큰일 날 뻔하셨네요. 그래도 모든 문제가 잘 해결돼서 정말 5) _____.

↳ **엥흐**: 오늘 정말 힘드셨겠어요. 맛있는 거 드시고 힘내세요.

2. 알맞은 것을 골라서 대화를 완성해 보세요.

> (조심하다) 감추다 후회하다 들키다 실수하다 심각하다

1) 가: 교통사고를 당했다고 들었어요. 괜찮아요?
   나: 네. 다행히 크게 다치지는 않았어요. 앞으로는 운전할 때 더 __조심해야겠어요__.

2) 가: 회사 생활을 잘하는 방법이 있으면 좀 알려 주세요.
   나: 일을 할 때 _____ 지 않도록 여러 번 확인하는 게 중요한 것 같아요.

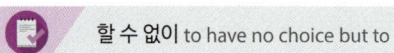 할 수 없이 to have no choice but to

3) 가: 식탁 위에 있던 초콜릿 못 봤어요?
   나: 조카가 계속 달라고 해서 안 보이는 곳에 _____ 아/어 두었어요.

4) 가: 선풍기가 또 고장 났어? 그거 얼마 전에 새로 산 거 아니야?
   나: 나도 이 선풍기 산 걸 _____ 고 있어. 수리 센터에 다시 가지고 가 봐야겠다.

5) 가: 제니 씨 생일날 깜짝 파티를 열어 주려고 했는데 제니 씨한테 _____ .
   나: 그랬군요. 그래도 제니 씨가 정말 기뻐했겠어요.

6) 가: 요즘 플라스틱 쓰레기가 많아져서 _____ 문제가 되고 있대요.
   나: 네. 정말 큰일이에요. 그래서 저는 늘 개인 컵을 가지고 다녀요.

3. 한국에서 실수하거나 당황한 적이 있습니까? 친구와 이야기해 보세요.

저는 깜빡하고 카페 의자에 가방을 놓고 그냥 나온 적이 있어요. 그때 정말 당황했어요.

선풍기 fan   플라스틱 plastic

문법과 표현 1 동-고 보니

1. 문장을 만들어 보세요.

1) 택시에서 내리다 / 지갑이 없다
→ 택시에서 내리고 보니 지갑이 없었어요.

2) 모자를 사다 / 집에 똑같은 모자가 있다
→ _____.

3) 동아리에서 만난 사람과 이야기하다 / 같은 고향 사람이다
→ _____.

4) 친구의 말을 듣다 / 친구의 말이 맞다
→ _____.

5) 청바지를 입다 / 지퍼가 고장 나서 다른 바지로 갈아입다
→ _____.

2. 대화를 완성해 보세요.

1) 가: 왜 샌드위치를 먹다가 뱉었어요? 입에 안 맞아요?
   나: <u>먹고 보니</u> 오이가 들어 있어서요. 제가 오이 알레르기가 있거든요. (먹다)

2) 가: 커피를 또 마셔? 오늘 밤에도 못 자면 어떡해?
   나: 아까 마신 건 콜라였어. 커피인 줄 알고 들고 왔는데 _____ 콜라였어. (마시다)

3) 가: 왜 주문한 가방을 반품했어요?
   나: 배송을 _____ 색깔이 이상하고 바느질도 엉망이라서요. (받다)

4) 가: 시험은 잘 봤어요?
   나: 이번 주에 시험을 보는 줄 알았는데 _____ 다음 주였어요. (알다)

지퍼 zipper

5) 가: 그 책 내용을 다 이해했어요?
   나: 처음에는 잘 몰랐는데 선생님의 설명을 _____ 이해가 됐어요. (듣다)

6) 가: 왜 갑자기 약속을 미뤘어요?
   나: 약속을 _____ 그날이 어머니 생신이라서 약속을 다음 날로 미뤘어요. (잡다)

7) 가: 아까 버스에서 왜 갑자기 일어났어요?
   나: 자리에 _____ 노약자석이라서 얼른 일어났어요. (앉다)

8) 가: 힘들게 만든 음식을 왜 버려요?
   나: 소금인 줄 알고 찌개에 넣었는데 _____ 설탕이었어요. (넣다)
   오늘 저녁은 시켜 먹어야 할 것 같아요.

3. 알맞은 것을 넣어서 문자 메시지를 완성해 보세요.

지금 가고 있는데 20분쯤 늦을 것 같아. 먼저 결혼식장에 들어가 있어.

나도 좀 늦을 것 같아. 근데 왜 늦었어? 넌 시간을 잘 지키기로 유명하잖아.

오늘 입으려고 오랜만에 정장을 꺼냈거든. 근데 옷을 1) _____ 단추가 떨어져 있었어. 그래서 단추를 달다가 늦게 출발했어.

그랬구나. 나는 일찍 출발했거든. 근데 지하철역에 2) _____ 휴대폰이 없었어. 그래서 집에 갔다가 다시 나왔어. 그리고 급하게 지하철을 탔는데 3) _____ 반대 방향으로 가는 열차였어.

아직 시간이 있으니까 천천히 와. 참, 지연 씨하고 지연 씨 신랑이 고등학교 동창이래. 두 사람이 선을 봤는데 4) _____ 서로 알던 사이였대.

두 사람이 정말 인연인가 보다. 그럼 이따 만나. 금방 갈게.

 단추를 달다 to sew a button on   반대 방향 opposite direction   인연 fate

문법과 표현 ② 동-을 걸 (그랬다)

1. **문장을 만들어 보세요.**

    1) 공부를 안 해서 시험을 망쳤어요.
        ➡ 공부를 열심히 할 걸 그랬어요   .

    2) 늦게 일어나서 수업에 늦었어요.
        ➡   .

    3) 친구 생일 파티에 안 가서 친구가 화가 났어요.
        ➡   .

    4) 쇼핑을 많이 해서 이번 달 생활비가 모자라요.
        ➡   .

    5) 어젯밤에 라면을 먹고 자서 얼굴이 퉁퉁 부었어요.
        ➡   .

2. **대화를 완성해 보세요.**

    1) 가: 괜찮아? 많이 아파 보여.
       나: 감기에 걸린 것 같아. 어제 두꺼운 옷을 입을걸 .

    2) 가: 손님, 한국어 책은 다 팔렸습니다.
       나: 정말요? 어제   .

    3) 가: 어제 축제에 가수 '마이'가 왔대.
       나: 나도 축제를 보러   . 너무 아쉽네.

    4) 가: 발이 많이 불편해 보이는데 걸을 수 있겠어요?
       나: 굽이 높은 구두를   . 다리가 아프네요.

    5) 가: 새로 산 휴대폰이 어때요?
       나: 전에 쓰던 휴대폰이 더 나아요. 새 휴대폰을   .

퉁퉁 붓다 to be swollen

3. 알맞은 것을 넣어서 글을 완성해 보세요.

11월 16일 월요일

　오늘은 정말 힘든 하루였다. 어제 밤늦게까지 영화를 보다가 늦잠을 잤다. 어제 일찍 1) _____. 회사에 지각할까 봐 급하게 버스를 탔다. 그런데 버스를 타고 보니 내가 타야 하는 버스가 아니었다. 2) _____. 할 수 없이 택시로 갈아탔다. 그런데 길이 너무 막혔다. 3) _____. 출근할 때 우산을 챙길까 말까 하다가 집에 놓고 나왔는데 택시에서 내리자마자 비가 오기 시작했다. 4) _____. 그리고….

4. 친구들을 인터뷰해 보세요.

	친구:	친구:
1) 물건을 사고 나서 후회한 적이 있습니까?		
2) 친구와 싸우고 후회한 적이 있습니까?		
3) 음식을 먹고 후회한 적이 있습니까?		
4) 책이나 영화를 보고 후회한 적이 있습니까?		

물건을 사고 나서 후회한 적이 있어요?

비싼 노트북을 사지 말 걸 그랬어요. 가격은 비싼데 성능이 별로 좋지 않아요.

어휘 Vocabulary

1. 알맞은 것을 골라서 대화를 완성해 보세요.

> 불평하다   불만이 있다   고민이 있다
> 조언하다   도움이 되다   문제를 해결하다

친구가 오늘 또 약속을 어겼어요. 그래서 그냥 집에 일찍 들어왔어요.

혹시 친구한테 무슨 일이 생겼대요?

아니요. 늦잠을 잤대요. 늦는다고 해서 제가 다음에 만나자고 했어요.
그 친구는 왜 항상 약속 시간을 어길까요? 정말 이해가 안 돼요.
기분이 나빠서 자꾸 1) **불평하게** 되네요.

많이 속상했겠어요. 그런데 친구한테 2) _____ (으)면 그냥
솔직하게 말해 보지 그래요? 불평한다고 해서 3) _____ (으)ㄹ 수
있는 건 아니니까요.

그럴게요. 4) _____ 아/어 줘서 고마워요.
저에게 큰 5) _____ .

아니에요. 앞으로도 6) _____ (으)면 저한테 이야기하세요.

2. 불만에 대해 친구와 이야기해 보세요.

집   친구   교통   ?

저는 지금 살고 있는 집이 너무 좁아서 답답해요.
더 넓은 집으로 이사 가고 싶어요.

3. 알맞은 것을 골라서 대화를 완성해 보세요.

> 짜증이 나다   야단치다   화를 풀다   야단맞다

1) 가: 오늘 날씨가 정말 덥네요. 최고 기온이 38도까지 올라간대요.
   나: 빨리 가을이 됐으면 좋겠어요. 날씨가 더우니까 가만히 있어도 <u>짜증이 나네요</u>.

2) 가: 오늘 수업 시간에 과자를 먹다가 선생님께 들켜서 _____.
   나: 다음부터는 그러지 마세요.

3) 가: 왜 이렇게 늦었어? 연락도 없이 안 와서 무슨 일이 생긴 줄 알았어.
   나: 미안해. 여기 오는 길에 휴대폰을 땅에 떨어뜨렸는데 고장이 났어.
   내가 맛있는 저녁 사 줄 테니까 _____.

4) 가: 지수가 기분이 안 좋아 보이네. 무슨 일이 있었어?
   나: 숙제는 안 하고 하루 종일 게임만 해서 내가 아까 _____.

4. 친구의 고민을 듣고 조언해 보세요.

요즘 사소한 일에도 자꾸 짜증이 나요.

일 때문에 스트레스를 많이 받나 보네요.
일을 좀 쉬고 여행을 떠나 보는 건 어때요?

제가 약속을 어겨서 친구가 화가 많이 났어요.
친구의 화를 풀어 주고 싶은데 어떻게 하면 좋을까요?

친구에게 편지를 써 보지 그래요?
편지를 받으면 친구도 화가 풀릴 거예요.

 가만히 motionlessly

문법과 표현 3 동-는데도, 형-은데도, 명인데도

1. 알맞은 것을 연결하고 문장을 완성해 보세요.

1) 키가 작다 • • 절약하다
2) 공부를 안 하다 • • 농구를 잘하다
3) 밥을 많이 먹다 • • 한국어를 잘하다
4) 돈이 많다 • • 학교에 가다
5) 외국 사람이다 • • 성적이 좋다
6) 방학이다 • • 살이 안 찌다

1) 민호 씨는 _키가 작은데도 농구를 잘해요_.
2) 제 동생은 _____.
3) 제 친구는 _____.
4) 엥흐 씨는 _____.
5) 다니엘 씨는 _____.
6) 소날 씨는 _____.

2. 대화를 완성해 보세요.

1) 가: 열심히 준비했으니까 시험에 합격했지요?
   나: 아니요. _열심히 준비했는데도 시험에 떨어졌어요_.

2) 가: 에어컨을 켜서 방이 시원해졌지요?
   나: 아니요. _____.

3) 가: 김치찌개가 매워서 외국 친구가 잘 못 먹지요?
   나: 아니요. _____.

4) 가: 요즘 바빠서 친구들을 못 만나지요?
   나: 아니요. _____.

5) 가: 휴대폰을 고쳐서 지금은 통화가 잘 되지요?
   나: 아니요. _____.

3. 그림을 보고 친구에 대해 이야기해 보세요.

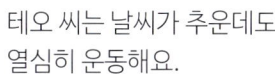
테오 씨는 날씨가 추운데도 열심히 운동해요.

1)
2)
3)
4)
5) ?

4. 문장을 완성해 보세요.

1) <u>눈이 오는데도 불구하고</u> 시민들이 마라톤 대회에 참가하기 위해 광장에 모여 있습니다. (눈이 오다)

2) _____ 우리 민하의 돌잔치에 참석해 주셔서 감사합니다. (바쁘다)

3) _____ 많은 분들이 올레길을 걷고 계십니다. (비가 내리다)

4) _____ 저희 결혼식에 와 주셔서 진심으로 감사드립니다. 행복하게 잘 살겠습니다. (주말이다)

5) _____ 제 공연을 보러 와 주신 모든 분께 감사드립니다. (늦은 시간이다)

돌잔치 1st birthday party

문법과 표현 ④ 명에 대해(서), 명에 대한

1. 대화를 완성해 보세요.

1) 가: 감독님, 영화 소개를 부탁드립니다.
   나: 우리 영화는 20대들의 사랑과 우정<u>에 대한</u> 이야기입니다.

2) 가: 배우 이정 씨가 주연을 맡았다고 들었는데요. 이정 씨 _____ 해 주실 말씀이 있으신가요?
   나: 배우 이정 씨는 정말 성실하고 연기를 잘하는 배우라고 생각합니다.

3) 가: 이정 씨도 감독님께 한 말씀 해 주세요.
   나: 이번에 영화를 찍으면서 감독님께 연기 _____ 조언을 많이 들었습니다. 감독님, 정말 감사합니다.

4) 가: 감독님의 영화를 사랑해 주시는 팬 분들께도 한 말씀 부탁드립니다.
   나: 우리 영화의 주인공은 친구와 가족입니다. 우리 주변의 이웃 _____ 생각해 볼 수 있는 좋은 기회가 되실 겁니다.

2. 그림을 보고 대화를 완성해 보세요.

1)
   가: 가수 '유미'의 앨범이 새로 나왔어요.
   나: 그래요? 노래가 어때요?
   가: <u>이별에 대한</u> 노래인데 가사가 너무 슬퍼요. 꼭 한번 들어 보세요.

2)
   가: 나랑 같이 전시회 보러 갈래요?
   나: 무슨 전시회인데요?
   가: _____ 전시회인데 다양한 체험도 할 수 있대요.

이별 breakup   가사 lyrics

3)
가: 뭘 그렇게 열심히 읽고 있어요?
나: 여기 좀 보세요. _____ 기사가 났어요.
가: 정말이네요. 저도 읽어 봐야겠어요.

4)
가: 영화가 재미있나 봐요.
나: 네. _____ 영화인데 정말 재미있어요. 엥흐 씨도 꼭 보세요.
가: 알겠어요. 이번 주말에 꼭 볼게요.

5) 가: 그 책은 무슨 책이에요?
나: _____ 책인데 돈을 모으는 방법을 알려 준대요.
가: 저도 좀 빌려주세요. 읽어 보고 싶어요.

3. 발표 주제에 대해 이야기해 보세요.

한옥   한국 음식   한복   케이팝   ?

무엇에 대해서 발표할 거예요?

저는 한옥에 대해서 발표할 계획이에요.

저는 한국 음식에 대한 발표를 하고 싶어요.

4. 좋아하는 것을 추천해 보세요.

책   영화   드라마   노래   ?

소설 '어린 왕자'를 읽어 보세요. 작은 별에서 온 어린 왕자에 대한 이야기인데 정말 감동적이에요.

저는 영화 '강아지를 부탁해'를 추천하고 싶어요. 사람과 동물의 우정에 대한 내용인데 정말 재미있어요.

별 star   감동적이다 to be moving

12 습관의 중요성 Importance of Routines

12-1 습관과 버릇
12-2 계획과 실천

12-1	어휘	습관과 버릇
	문법과 표현	동-게 하다
		아무리 동형-어도
12-2	어휘	계획과 실천
	문법과 표현	동-을 생각도 못 하다
		동-어 버리다

어휘 Vocabulary

1. 그림을 보고 알맞은 것을 골라서 문장을 만들어 보세요.

> 손톱을 깨물다   다리를 떨다   한숨을 쉬다   머리를 긁다

1)
저는 긴장이 될 때 손톱을 깨물어요.

2)
.

3)
.

4)
.

2. 문장을 완성해 보세요.

1) 면접을 볼 때 ___머리를 긁으면___ 자신이 없어 보인대요.

2) 저는 긴장이 될 때마다 _____ 아서/어서 손톱이 항상 엉망이에요.

3) 책상이 흔들려서 불편하니까 _____ 지 말아 주세요.

4) 아키라 씨가 아까부터 계속 _____ 고 있네요. 무슨 걱정이 있나 봐요.

3. 알맞은 것을 연결하고 대화를 완성해 보세요.

1) 습관을 · · 충분히 자다
2) 건강을 · · 돌보다
3) 버릇을 · · 잘하다
4) 잠을 · · 생각하다
5) 긍정적으로 · · 기르다
6) 정리를 · · 고치다

1) 가: 날씨가 이렇게 추운데 오늘도 달리기를 할 거예요?
   나: 네. 매일 운동하는 습관을 기르고 싶어서요.

2) 가: 항상 점심을 시켜 드시더니 오늘은 도시락을 싸 오셨네요.
   나: 네. 저도 이제 _____ (으)려고요.

3) 가: 저는 스트레스를 받으면 손톱을 깨무는데 이 _____ 기가 어려워요.
   나: 보기에도 안 좋고 건강에도 나쁘니까 깨물지 않는 게 좋겠어요.

4) 가: 동생이 중학생인데 키 때문에 고민이 많은가 봐요.
   나: 그래요? 무엇보다 _____ 아야/어야 키가 빨리 큰다고 들었어요.

5) 가: 내일 면접시험을 보는데 시험에 떨어질까 봐서 걱정이에요.
   나: 그런 걱정은 하지 말고 _____. 그동안 열심히 준비했으니까 잘할 수 있을 거예요.

6) 가: 어제 우진 씨네 집에서 같이 숙제를 했거든. 근데 집이 너무 깔끔해서 좀 놀랐어.
   나: 우진 씨가 _____ 다고 들었어. 매일 청소를 한다고 하더라고.

4. 버릇을 고치기 위해 어떤 노력을 하고 있는지 이야기해 보세요.

> 저는 오늘 해야 할 일을 뒤로 미루는 버릇이 있어요. 그래서 그 버릇을 고치기 위해서 매일 자기 전에 해야 할 일을 메모하는 습관을 기르고 있어요.

도시락을 싸다 to pack a lunch

문법과 표현 1 동-게 하다

1. 문장을 만들어 보세요.

1) 친구가 수업 시간에 졸다 / 커피를 마시다
→ 친구가 수업 시간에 졸아서 커피를 마시게 했어요.

2) 동생이 과소비를 하다 / 쇼핑하기 전에 살 물건을 적다
→ _____.

3) 조카가 눈이 나빠지다 / 어두운 곳에서 게임을 하지 못하다
→ _____.

4) 아이가 밥을 잘 먹지 않다 / 과자를 먹지 못하다
→ _____.

2. 그림을 보고 문장을 만들어 보세요.

1) 야채를 꼭 먹어야 해.
엄마가 아이에게 야채를 먹게 했어요. (엄마, 아이)

2) 방 청소를 좀 해.
_____. (형, 동생)

3) 내일까지 숙제를 내세요.
_____. (선생님, 학생들)

4) 음료수를 가지고 들어오지 마세요.
_____. (직원, 손님)

5) 여기에서 뛰지 마세요.
_____. (직원, 아이)

3. 대화를 완성해 보세요.

1) 가: 요즘 집에 있을 때 아이가 심심해하는 것 같아요.
   나: 그럼 이 그림책을 <u>읽게 해 보세요</u>. (읽다)

2) 가: 조카가 감기 때문에 힘들어해요. 목이 많이 아프대요.
   나: 그럴 때는 따뜻한 차를 _____. (마시다)

3) 가: 동생이 할 일을 미루고 컴퓨터 게임만 해서 걱정이에요.
   나: 그럼 게임을 하기 전에 해야 할 일을 먼저 _____. (하다)

4) 가: 룸메이트가 밤마다 통화를 해서 요즘 잠을 잘 못 자요.
   나: 정말 불편하겠네요. 밖에 나가서 _____. (통화하다)

5) 가: 제 동생이 집에서 만화책만 읽어요. 그래서 건강이 나빠질까 봐 걱정이에요.
   나: 그럼 가까운 공원에 데리고 가서 _____. (걷다)

4. 다음에 대해 친구와 이야기해 보세요.

어렸을 때 부모님이나 선생님이 하게 한 일   어렸을 때 부모님이나 선생님이 못하게 한 일

나중에 아이들에게 배우게 하고 싶은 것

저는 어렸을 때 부모님이 밤늦게 밖에 나가지 못하게 하셨어요.

저는 나중에 부모가 되면 아이에게 한국어를 꼭 배우게 하고 싶어요.

문법과 표현 ❷ 아무리 동형-어도

1. 그림을 보고 문장을 완성해 보세요.

1)  초등학교 앞에서는 <u>아무리 바빠도</u> 과속을 하면 안 돼요.
(바쁘다)

2)  내일이 시험인데 _____ 졸려요.
(커피를 마시다)

3)  감기에 걸렸는데 _____ 낫지 않아요.
(약을 먹다)

4)  이 음악은 _____ 질리지 않아요.
(듣다)

5)  저는 _____ 명절에는 고향에 내려가요.
(길이 막히다)

6)  목걸이가 _____ 꼭 필요한 게 아니면 사지 마세요.
(가지고 싶다)

7)  저는 건강을 위해서 _____ 매일 운동을 하고 있어요.
(힘들다)

질리다 to be sick of

2. 대화를 완성해 보세요.

1) 가: 시계를 찾았어요?
   나: 아니요. 아무리 찾아도 없어요   .

2) 가: 민수 씨하고 통화했어요?
   나: 아니요.   .

3) 가: 발표 준비는 다 끝났어요?
   나: 아니요.   .

4) 가: 단어를 다 외웠지요?
   나: 아니요.   .

5) 가: 많이 피곤해 보이는데 숙제는 내일 하지 그래요?
   나: 안 돼요. 저는   .

3. 다음에 대해 친구와 이야기해 보세요.

질리지 않는 음식   꼭 해야 하는 일

또 보고 싶은 영화   꼭 사야 하는 것

아무리 먹어도 질리지 않는 음식이 있어요?

떡볶이요. 떡볶이는 아무리 먹어도 질리지 않아요.

어휘 Vocabulary

1. 그림을 보고 알맞은 것을 골라서 문장을 만들어 보세요.

> 마음을 먹다   꿈을 이루다   실력을 기르다   목표를 정하다   좋은 결과를 얻다

1) 가수가 되기로 마음을 먹었어요.

2) 노래 대회에 참가하기로 _____.

3) 가수가 되기 위해 _____.

4) 노래 대회에 참가해서 _____.

5) 가수의 _____.

2. 문장을 완성해 보세요.

1) <u>목표를 정하고</u> 꾸준히 노력하면 성공할 수 있을 거예요.

2) 이번 경기에서 _____ 도록 최선을 다하겠습니다.

3) 한국어 _____ 기 위해서 매일 인터넷 뉴스를 보고 있어요.

4) 제 동생이 올림픽에 나가서 금메달을 땄어요. 동생이 _____ 아서/어서 기뻐요.

5) 내년에는 꼭 대학원에 입학하기로 _____.

📓 금메달을 따다 to win a gold medal

3. 알맞은 것을 골라서 대화를 완성해 보세요.

> 결심하다 실천하다 도전하다 실패하다 성공하다 포기하다

1) 가: 졸업 후에 고향에 돌아갈 거예요?
   나: 아니요. 앞으로 한국에서 살기로 _결심했어요_ .

2) 가: 등산을 갔다 왔다고 들었어요. 어땠어요?
   나: 갑자기 몸이 안 좋아져서 올라가다가 중간에 _____.

3) 가: 새해에 _____ 아/어 보고 싶은 일이 있나요?
   나: 저는 꼭 운전면허증을 따고 싶어요.

4) 가: 날씨가 따뜻해지면 공원에 나가서 매일 자전거를 타야겠어요.
   나: 말로만 하겠다고 하지 말고 이번에는 꼭 _____ 아/어 보세요.

5) 가: 기분이 안 좋아 보이는데 무슨 일이 있어요?
   나: 열심히 노력하는데도 취직이 안 돼요. 이번에 또 _____.

6) 가: 양양 씨, 오늘도 도서관에 가요?
   나: 네. _____ 사람들은 책을 많이 읽었다고 해요. 그래서 저도 그렇게 해 보려고요.

4. 다음에 대해 친구와 이야기해 보세요.

도전해 보고 싶은 일이 있어요?

포기하거나 실패한 일이 있어요?

새해에 무슨 결심을 했어요? 어떻게 되었어요?

운전면허증 driver's license

문법과 표현 3   동-을 생각도 못 하다

1. 알맞은 것을 연결하고 문장을 완성해 보세요.

1) 돈이 없다	•	• 걸어서 다니다
2) 바지가 꽉 끼다	•	• 운전하다
3) 학교가 멀다	•	• 입다
4) 일이 많다	•	• 휴가를 떠나다
5) 도로가 미끄럽다	•	• 새 노트북을 사다

1) 돈이 없어서 새 노트북을 살 생각도 못 해요.
2) _____.
3) _____.
4) _____.
5) _____.

2. 그림을 보고 문장을 만들어 보세요.

1) 눈이 많이 내려서 밖에 나갈 생각도 못 해요. (나가다)
2) _____. (먹다)
3) _____. (운동하다)
4) _____. (사다)

3. 알맞은 것을 골라서 대화를 완성해 보세요.

> -어서   -지 않으면   -을까 봐   때문에

1) 가: 같이 놀이 기구 타러 가자.
   나: 나는 겁이 많아서 놀이 기구를 탈 생각도 못 해   .

2) 가: 왜 커피를 안 마셔?
   나: .

3) 가: 왜 해산물을 안 먹어요?
   나: .

4) 가: 비행기표를 왜 벌써 예약했어요?
   나: .

5) 가: 약속 시간이 두 시간이나 남았는데 왜 벌써 출발해요?
   나: .

4. 다음에 대해 친구와 이야기해 보세요.

우리 고향   우리 집   어렸을 때   작년

우리 고향에서는 길거리에서 술을 마실 생각도 못 해요.

문법과 표현 ④ 동-어 버리다

1. 그림을 보고 대화를 완성해 보세요.

1)

가: 냉장고에 있던 샌드위치 못 봤어?
나: 미안해. 배가 고파서 아까 내가 다 <u>먹어 버렸어</u>. (먹다)

2)

가: 오늘 친구를 만난다고 하지 않았어? 왜 벌써 와?
나: 친구가 몸이 안 좋다고 하더니 집에 일찍 _____. (가다)

3)

가: 면접은 어땠어요?
나: 너무 긴장을 해서 _____. (실수하다)

4)

가: 왜 19층에서 내렸어?
나: 18층을 눌러야 하는데 실수로 버튼을 잘못 눌러서 그냥 _____. (내리다)

5)

가: 왜 갑자기 대사관에 가요?
나: 이사할 때 여권을 _____ 아서/어서 다시 발급받아야 하거든요. (잃다)

6)

가: 왜 늦었어요?
나: 지갑을 _____ 고 안 가져왔어요. (잊다) 그래서 집에 다시 갔다 왔어요.

2. 대화를 완성해 보세요.

1) 가: 머리를 짧게 잘랐네요.
   나: 네. 날씨가 너무 더워서 <u>짧게 잘라 버렸어요</u>.

2) 가: 김치냉장고를 샀어요?
   나: 네. 백화점에 갔는데 세일을 많이 하더라고요. 그래서 _____.

3) 가: 왜 벌써 들어와요? 오늘 모임이 있다고 하지 않았어요?
   나: 재미없을 것 같아서 그냥 집에 일찍 _____.

4) 가: 숙제를 벌써 다 했어요? 선생님이 다음 주까지 내면 된다고 하셨어요.
   나: 아르바이트 때문에 바빠서 미리 _____.

3. 친구들을 인터뷰해 보세요.

	친구:	친구:
1) 왜 숙제를 못 했어요?		
2) 왜 학교에 안 왔어요?		
3) 왜 생활비가 모자라요?		
4) 왜 약속 시간에 늦었어요?		

왜 숙제를 못 했어요?

너무 피곤해서 숙제를 하다가 자 버렸어요.

복습 4

말하기 Speaking

1. 다음 어휘를 설명해 보세요.

10단원

통화가 끊기다 ☐	온도 조절이 안 되다 ☐	음료수를 쏟다 ☐	전원을 켜다/끄다 ☐
액정이 깨지다 ☐	종이가 걸리다 ☐	먼지가 끼다 ☐	배터리를 넣다/빼다 ☐
화면이 안 나오다 ☐	물에 빠뜨리다 ☐	수리하다 ☐	플러그를 꽂다/뽑다 ☐
채소가 얼다 ☐	땅에 떨어뜨리다 ☐		

맡기다 ☐	방문하다 ☐	낮추다 ☐	채우다 ☐
요청하다 ☐	확인하다 ☐	늦추다 ☐	돌리다 ☐
접수하다 ☐	알리다 ☐	비우다 ☐	높이다 ☐

11단원

깜빡하다 ☐	감추다 ☐	심각하다 ☐	들키다 ☐
당황하다 ☐	다행이다 ☐	조심하다 ☐	잘못하다 ☐
겁이 나다 ☐	실수하다 ☐	후회하다 ☐	

고민이 있다 ☐	문제를 해결하다 ☐	야단치다/야단맞다 ☐
조언하다 ☐	불만이 있다 ☐	짜증을 내다/짜증이 나다 ☐
도움이 되다 ☐	불평하다 ☐	화를 풀다/화가 풀리다 ☐

12단원

습관을 기르다 ☐	긍정적으로 생각하다 ☐	한숨을 쉬다 ☐	손톱을 깨물다 ☐
건강을 돌보다 ☐	정리를 잘하다 ☐	머리를 긁다 ☐	다리를 떨다 ☐
잠을 충분히 자다 ☐	버릇을 고치다 ☐		

마음을 먹다 ☐	실력을 기르다 ☐	포기하다 ☐	실패하다 ☐
결심하다 ☐	실천하다 ☐	성공하다 ☐	좋은 결과를 얻다 ☐
목표를 정하다 ☐	도전하다 ☐		

2. 어휘를 사용해서 이야기해 보세요.

 앞으로 한 칸 이동하세요.

 앞으로 두 칸 이동하세요.

시작 →	다음 사동사를 사용해서 10초 안에 문장을 3개 만드세요. ☐ 알리다 ☐ 낮추다 ☐ 채우다	앞으로 도전해 보고 싶은 일이 뭐예요?	자주 사용하는 전자 제품 5개를 10초 안에 말하세요.
			언제 짜증이 나요?
자신의 좋은 습관을 3개 말하세요.	고장 난 전자 제품의 문제 상황을 3개 말하세요. 예) 휴대폰 액정이 깨졌어요.	자신의 나쁜 버릇을 3개 말하세요.	다음 사동사를 사용해서 10초 안에 문장을 3개 만드세요. ☐ 맡기다 ☐ 돌리다 ☐ 높이다
스트레스를 풀 수 있는 방법을 3개 말하세요.			
친구의 나쁜 버릇을 듣고 고칠 수 있는 방법을 말해 주세요.	성공하기 위한 습관을 3개 말하세요.	지금 살고 있는 곳에 어떤 문제가 있나요?	건강에 나쁜 버릇을 3개 말하세요.
			무엇을 배우다가 포기한 적이 있어요?
도착 ←	한국에서 당황한 경험에 대해 이야기해 보세요.	친구의 고민을 듣고 조언해 보세요.	어렸을 때 부모님께 야단맞은 적이 있어요? 왜 야단맞았어요?

3. 다음 문법과 표현을 확인해 보세요.

10단원

동형-더니	동생이 열심히 **공부하더니** 1등을 했어요.
동-지 그래(요)?	배가 아프면 병원에 **가지 그래요?**
사동(-이/히/리/기/우/추-)	아이에게 모자를 **씌우세요**. 영화표를 **보여** 주시겠어요?

11단원

동-고 보니	지하철을 **타고 보니** 반대 방향으로 가는 열차였어요.
동-을 걸 (그랬다)	시험을 봤는데 성적이 나빠요. 공부를 더 열심히 **할 걸 그랬어요**.
동-는데도, 형-은데도, 명인데도	날씨가 **추운데도** 공원에 사람들이 많네요.
명에 대해(서), 명에 대한	제 친구는 한국 **역사에 대해서** 관심이 많대요.

12단원

동-게 하다	아이가 잠을 잘 못 자면 조용한 음악을 **듣게 하세요**.
아무리 동형-어도	**아무리 바빠도** 운동을 해야 돼요.
동-을 생각도 못 하다	요즘 일이 많아서 친구를 **만날 생각도 못 해요**.
동-어 버리다	중요한 약속이 있었는데 **잊어버렸어요**.

4. **문법과 표현을 사용해서 친구와 이야기해 보세요.**

   1) 발표 주제가 뭔지 알아요?

   2) 노력해도 잘 안되는 일이 있어요?

   3) 주말에 시간 돼요? 같이 여행 갈래요?

   4) 동생이 요즘도 게임만 해요?

   5) 어제 소개팅을 했다고 들었어요. 어땠어요?

   6) 내일이 부모님 생신인데 뭘 사 드리면 좋아하실까요?

   7) 룸메이트가 감기에 자주 걸려서 힘들어해요.

   8) 아까 동생한테 왜 화를 냈어요?

   9) 오늘 서점에 갔는데 교과서가 다 팔렸대요.

   10) 아이나 동물을 돌본 적이 있어요? 그때 어떤 도움을 줬어요?

5. **친구와 이야기해 보세요.**

- 물건이 고장 난 적이 있습니까?
- 그때 왜 고장이 났습니까?
- 고장 난 후 어떻게 했습니까?

- 최근 고민하고 있는 일이 있습니까?
- 고민이 있을 때 누구에게 조언을 구하는 편입니까?
- 실수해서 당황했을 때 나오는 버릇이 있습니까?

- 건강에 좋은 습관을 알고 있습니까?
- 고향 사람들이 안 좋게 생각하는 버릇이 있습니까?
- 다른 사람의 습관이나 버릇 때문에 불편하다고 느낀 적이 있습니까?

 주제 theme

듣기 Listening

[1~2] 다음을 듣고 알맞은 것을 고르세요.

1. ①  ②  ③  ④

2. ① 지금 고민하고 있는 일
   └ 취직이 안 된다.
   └ 건강이 나쁘다.
   └ 가족과 친구와의 관계가 나쁘다.
   └ 기타

   ② 고민 해결 방법
   └ 취미 활동을 한다.
   └ 동료들과 잘 지낸다.
   └ 고민이 있을 때 상담을 받는다.
   └ 기타

   ③ 고민 해결 방법
   └ 취미 활동을 한다.
   └ 가까운 사람에게 조언을 구한다.
   └ 인터넷 게시판에 글을 올리거나 사연을 읽는다.
   └ 기타

   ④ 지금 고민하고 있는 일
   └ 경제적으로 어렵다.
   └ 가족과 친구와의 관계가 나쁘다.
   └ 취직이 안 된다.
   └ 기타

[3~6] 다음을 듣고 질문에 답하세요.

3. 대화를 듣고 이어질 수 있는 말로 가장 알맞은 것을 고르세요.

   ① 오늘 밤부터 아무것도 먹지 말아야겠어.
   ② 밤마다 운동하는 습관을 기르는 게 중요한 것 같아.
   ③ 그거 좋은 생각이다. 오늘부터 그렇게 해 봐야겠어.
   ④ 나도 그렇게 해서 야식 먹는 습관을 고칠 수 있었어.

4. 대화가 끝난 후 남자가 이어서 할 행동으로 가장 알맞은 것을 고르세요.

   ① 여자와 함께 독서를 한다.
   ② 여자에게 책을 소개해 준다.
   ③ 도서관에 책을 빌리러 간다.
   ④ 여자의 책을 사러 서점에 간다.

5. 들은 내용과 같은 것을 고르세요.

   ① 남자는 조카를 유치원에 맡겨야 한다.
   ② 여자는 남자에게 아이를 맡기려고 한다.
   ③ 여자는 조카에게 저녁을 만들어서 먹여야 한다.
   ④ 남자는 조카가 유치원에서 돌아오면 낮잠을 재워야 한다.

야식 late-night snack

6. 여자의 중심 생각으로 가장 알맞은 것을 고르세요.

   ① 실력을 기르면 누구나 성공할 수 있다.　　② 한번 실패하면 다시 성공하기 어렵다.
   ③ 성공하기 위해서는 실패해도 포기하면 안 된다.　④ 실패한 후에는 빨리 포기하고 다른 길을 찾는 것이 낫다.

[7~8] 다음을 듣고 질문에 답하세요.

7. 세탁기에 무슨 문제가 있습니까?

   ① 탈수할 때 이상한 소리가 들린다.　　② 세탁기 문이 고장 나서 안 닫힌다.
   ③ 세탁기의 세탁 버튼이 안 눌러진다.　④ 세탁기에서 이상한 소리가 나더니 갑자기 멈췄다.

8. 대화가 끝난 후 남자가 이어서 할 행동으로 가장 알맞은 것을 고르세요.

   ① 상담원이 설명한 내용을 그대로 따라 한다.
   ② 수리 센터에 연락해서 수리 기사를 부른다.
   ③ 수리 기사에게 전화해서 방문 약속을 잡는다.
   ④ 상담원에게 세탁기가 고장난 이유를 설명한다.

[9~10] 다음을 듣고 질문에 답하세요.

9. 남자의 중심 생각으로 가장 알맞은 것을 고르세요.

   ① 전기 요금을 아끼려면 에어컨 사용 시간을 줄여야 한다.
   ② 에어컨에 문제가 있으면 새로 사지 말고 수리하는 것이 좋다.
   ③ 전자 제품을 잘 관리하면 전자 제품의 사용 기간을 늘릴 수 있다.
   ④ 전기 요금을 절약하기 위해서는 새 제품으로 교환하는 것이 좋다.

10. 들은 내용과 같은 것을 고르세요.

    ① 여자는 이번에 에어컨을 새로 구입했다.
    ② 여자는 에어컨의 필터 청소를 한 적이 없다.
    ③ 여자는 지난달에 에어컨을 하루 종일 틀어 놓았다.
    ④ 여자는 전에도 에어컨이 고장 나서 수리를 받은 적이 있다.

　탈수하다 to dry　필터 filter

읽기 Reading

1. 다음을 읽고 무엇에 대한 글인지 고르세요.

> - 수리 기간: 7월 13일(금) 오전 9시~오후 5시
> - 수리 기간 동안 엘리베이터 대신 계단을 이용해 주시기 바랍니다.
> - 주민 여러분의 안전하고 편리한 엘리베이터 이용을 위해 앞으로도 최선을 다하겠습니다.

① 이용 시간 안내　　② 계단 위치 안내　　③ 수리 방법 안내　　④ 수리 일정 안내

[2~3] 다음을 읽고 글의 내용과 같은 것을 고르세요.

2.

새해 결심 1위, 운동하기

새해에는 더 건강해지면 좋겠어요.

새해에는 아무리 바빠도 기타를 꼭 배울 거예요.

- 건강을 위해 운동하기　45%
- 새로운 취미 만들기　30%
- 외국어 공부하기　15%
- 저축하기　10%

① 새해에 외국어를 공부하겠다는 대답이 1위였다.
② 새해에 새로운 취미 활동을 하겠다고 대답한 사람이 10%였다.
③ 새해에 건강해지기 위해 노력하겠다고 대답한 사람이 가장 많았다.
④ 새해에 외국어 공부보다 저축을 하고 싶다고 대답한 사람이 많았다.

3.
> 몸에 좋은 음식은 건강을 지키는 데에 도움을 준다. 하지만 한 번에 너무 많이 먹는 과식이나 밤늦게 먹는 야식은 우리의 몸을 병들게 한다.
>
> 과식을 예방하기 위해서는 음식을 천천히 먹는 습관을 기르는 것이 좋다. 전문가들은 30~40번 정도 씹어 먹는 게 좋다고 조언한다. 그리고 아무리 바빠도 20분 이상 식사를 해야 한다고 한다. 빨리 먹으면 배가 부르다는 느낌이 들지 않아서 더 많이 먹게 되기 때문이다.
>
> 요즘 배가 고프지 않은데도 습관적으로 야식을 먹는 사람들이 많다. 그런데 야식을 먹으면 소화가 안 돼서 잠을 자기 어렵다. 게다가 살도 쉽게 찐다. 야식을 참기 어려우면 빵이나 과자 대신에 견과류나 채소를 먹는 게 좋다. 전문가들은 야식을 먹는 습관을 고치기 어려우면 일찍 자 버리는 편이 낫다고 조언한다.

① 음식을 적게 먹으면 건강이 나빠진다.
② 건강을 위해 일찍 일어나는 습관을 기르는 것이 좋다.
③ 야식을 먹으면 배가 부르기 때문에 잠을 잘 잘 수 있다.
④ 음식을 잘 씹어 먹으면 과식을 예방하는 데에 도움이 된다.

4. 다음을 순서대로 맞게 나열한 것을 고르세요.

> (가) 먼저 세탁기 안에 빨래를 넣고 문을 잘 닫아 주세요.
> (나) 세탁 준비가 다 되면 전원 버튼을 누른 후 다이얼을 돌려서 '표준'에 맞춰 주세요.
> (다) 마지막으로 시작/일시 정지 버튼을 눌러 주세요. 세탁기 문이 잠기고 세탁이 시작됩니다.
> (라) 문을 잘 닫았는지 확인한 후 세제를 넣어 주세요. 빨래와 함께 세제를 넣어 주셔도 됩니다.

① (가)-(라)-(다)-(나) ② (라)-(다)-(나)-(가)
③ (가)-(라)-(나)-(다) ④ (라)-(가)-(다)-(나)

과식 overeating 씹다 to chew 다이얼 dial 표준 standard 일시 정지 pause

5. 다음 글에서 보기 의 문장이 들어가기에 가장 알맞은 곳을 고르세요.

지난달에 서울에서 열린 외국인 요리 대회에서 이탈리아에서 온 마르티나 씨가 대상을 받았다. (㉠) 마르티나 씨는 이번 요리 대회에서 평소에 즐겨 먹던 잡채를 만들어서 수상했다. (㉡) 상을 받은 후 마르티나 씨는 한국 요리를 배우는 게 너무 어려워서 포기해 버릴까 하고 생각한 적이 많았다고 했다. (㉢) 그리고 앞으로도 다양한 한국 요리를 만들어 보고 싶다고 했다. (㉣)

보기 하지만 이번 도전에서 좋은 결과를 얻게 되어 기쁘다고 했다.

① ㉠　　　　② ㉡　　　　③ ㉢　　　　④ ㉣

[6~8] 다음을 읽고 질문에 답하세요.

우리는 살면서 가족이나 친구에게 조언을 구하기도 하고 조언을 해 주기도 한다. (　　　　　) 아무리 기분 좋게 조언을 해도 듣는 사람이 기분 나빠하거나 화를 낼 수도 있다. 듣는 사람이 상처받지 않도록 조언을 잘하는 방법은 무엇일까?

먼저 상대방의 이야기를 잘 들어 주는 것이 중요하다. 고민을 잘 들어 주는 사람이 좋은 조언자가 될 수 있다. 문제 상황을 제대로 이해해야 상대방에게 도움이 되는 조언을 해 줄 수 있기 때문이다. 그리고 조언을 시작하기 전에 다양한 질문을 하는 게 좋다. 고민에 대해 대화를 하면서 문제가 저절로 해결될 수도 있다.

다음으로 상대방의 마음을 이해하기 위해 노력해야 한다. 상대방이 잘못한 일을 말하는 것보다 잘한 일을 칭찬해 주는 게 좋다. 이렇게 하면 상대방은 자신감을 얻고 스스로 문제를 해결할 수 있게 된다.

친구나 가족을 위해서 조언을 열심히 했는데도 상대방이 조언을 듣지 않고 무시해 버리는 것처럼 느껴질 때도 있다. 그러나 이때 조언자는 서운해할 필요가 없다. 곁에서 이야기를 들어 주고 관심을 가져 준 것만으로도 상대방에게는 큰 힘이 되었을 것이다.

상처받다 to feel hurt   저절로 by itself   무시하다 to ignore

6. (   )에 들어갈 내용으로 알맞은 것을 고르세요.

   ① 그래서   ② 그런데   ③ 또한   ④ 게다가

7. 이 글의 내용과 같은 것을 고르세요.

   ① 친구나 가족에게 조언을 들을 때 무시하면 안 된다.
   ② 조언을 할 때에는 상대방이 잘한 일을 칭찬해 주는 것이 좋다.
   ③ 조언을 할 때 상대방이 잘못한 점을 정확하게 말해 주는 것이 좋다.
   ④ 조언을 잘 듣지 않는 사람에게는 들을 때까지 여러 번 다시 이야기해야 한다.

8. 이 글의 중심 생각을 고르세요.

   ① 조언할 때에는 듣는 사람이 아무리 화를 내도 참아야 한다.
   ② 조언을 듣지 않는 사람에게 서운한 마음이 드는 것은 당연하다.
   ③ 조언을 해 준 후에는 상대방의 문제가 해결되었는지 꼭 확인해야 한다.
   ④ 조언을 잘하려면 상대방의 이야기를 잘 들어 주고 마음을 잘 이해해 줘야 한다.

쓰기 Writing

1. 알맞은 것을 골라서 써 보세요.

> 감추다   들키다   깜빡하다   후회하다   다행이다
> 맡기다   늦추다   돌리다   알리다

1) 혹시 동생이 볼까 봐 일기장을 서랍 속에 잘 _____ 아/어 두었어요.

2) 상을 받으면 누구에게 가장 먼저 _____ 고 싶어요?

3) 점심값 좀 빌려주세요. _____ 고 지갑을 안 가지고 나왔어요.

4) 외출하는 길에 세탁소에 코트를 좀 _____ 아/어 줄래요?

5) 룸메이트한테 깜짝 생일 파티를 열어 주고 싶었는데 _____ 아/어 버렸어요.

6) 이따가 손님이 오시는데 집이 엉망이라서 청소기를 _____ 아/어야겠어요.

2. 반대되는 말을 찾아서 연결하고 문장을 완성해 보세요.

1) 전원을 끄다   •   • 뽑다
2) 시동을 걸다   •   • 켜다
3) 플러그를 꽂다   •   • 넣다
4) 배터리를 빼다   •   • 끄다

1) 노트북에 문제가 있으면 전원을 껐다가 _____.

2) 자동차에 기름을 넣을 때에는 시동을 _____.

3) 저는 전기를 아끼기 위해서 외출할 때에는 전자 제품의 플러그를 _____ 아/어 놓아요.

4) 새 배터리를 _____ 는데도/(으)ㄴ데도 리모컨이 잘 안돼요.

일기장 diary   리모컨 remote control

3. 알맞은 표현을 골라서 대화를 완성해 보세요.

> -더니   -지 그래(요)?   -는데도
> -을 걸 (그랬다)   -게 하다   -을 생각도 못 하다   -어 버리다

1) 가: 냉장고에 남은 피자가 없는데요? 누가 먹었나 봐요.
   나: _____

2) 가: 이번에 아이키에서 새로 나온 운동화가 너무 비싸더라고요. 비싸니까 잘 안 팔리겠죠?
   나: 아니요. _____

3) 가: 축제 때 왜 공연을 보러 안 왔어요? 가수 '태풍'의 노래 실력이 정말 대단했어요.
   나: 그래요? _____

4) 가: 이번 주말에 같이 영화 보러 갈래요? '성공과 실패'라는 영화가 재미있대요.
   나: 미안해요. _____

5) 가: 얼마 전부터 통화할 때 휴대폰이 자꾸 끊겨요.
   나: _____

6) 가: 이제 곧 손님들이 도착하는데 깜빡하고 음료수를 안 샀어요.
   나: _____

7) 가: 동생이 이번에 한국대학교에 입학했다고 들었어요. 정말 잘됐네요.
   나: 네. _____

4. 틀린 부분을 찾아서 맞게 고쳐 보세요.

1) 아이가 유치원에서 돌아오면 간식을 먹이고 주세요. ➡ _____

2) 어제 폭우가 내리고 보니 홍수가 났어요. ➡ _____

3) 주현 씨는 열심히 공부해서 성적이 나빠요. ➡ _____

5. **인생에서 가장 후회하는 일에 대해 200~300자로 쓰세요.**

> ❶ 후회하는 일이 있습니까?
> ❷ 왜 그 일을 후회합니까?
> ❸ 그 일이 일어난 후에 어떤 결심을 했습니까?

발음 Pronunciation

🎧 잘 들어 보세요.

❶ **인터넷으로** 산 휴대폰 아니야?
❷ 동생 **여권**이더라고요.
❸ 고치고 싶은 **버릇이** 있어요.

🎧 잘 듣고 따라 해 보세요.

❶ **워크숍에** 참가하고 싶으면 신청서를 내야 돼요.
❷ **초대장**이 없으면 건물 안으로 들어갈 수 없대요.
❸ 친구 생일에 **꽃을** 선물하면 어떨까요?

🎧 잘 듣고 친구와 연습해 보세요.

❶ 가: 이 **초콜릿을** 좀 드셔 보세요.
　 나: 맛있겠네요. 잘 먹을게요.

❷ 가: 어디 가요?
　 나: 이가 아파서 **치과**에 한번 가 보려고요.

❸ 가: 어제 산 **옷을** 왜 안 입고 왔어요?
　 나: 입어 봤는데 **옷이** 저한테 좀 작더라고요.

❹ 가: **부엌에서** 맛있는 냄새가 나요.
　 나: 엄마가 요리를 하시나 봐요.

13

연애와 결혼 Dating & Marriage

- **13-1** 연애의 조건
- **13-2** 사랑 이야기

13-1	어휘	연애의 조건
	문법과 표현	동-으려면 멀었다
		동형-잖아(요), 명이잖아(요)
13-2	어휘	사랑의 감정
	문법과 표현	동형-으면 동형-을수록
		동-는 척하다, 형-은 척하다, 명인 척하다

어휘 Vocabulary

1. 알맞은 것을 골라서 대화를 완성해 보세요.

> ~~말이 잘 통하다~~   성격이 잘 맞다   조건이 맞다   매력이 있다
> 인상이 좋다   마음씨가 착하다   능력이 있다

1) 가: 지수 씨는 부모님하고 사이가 좋은 것 같아요.
   나: 네. 부모님과 <u>말이 잘 통해서</u> 자주 대화하는 편이에요.

2) 가: 정수 씨는 여자 친구하고 헤어진 적이 있어요?
   나: 아니요. 우리는 _____ 아서/어서 싸운 적도 별로 없어요.

3) 가: 아이가 커서 어떤 사람이 되었으면 좋겠어요?
   나: 무엇보다 혼자서 문제를 해결할 수 있는 _____ (으)면 좋겠어요.

4) 가: 줄리 씨는 항상 어려운 사람들을 도와줘요.
   나: 맞아요. 정말 _____ 는/(으)ㄴ 것 같아요.

5) 가: 요즘 이 노래를 자주 듣네요.
   나: 네. 이 가수의 목소리가 정말 _____. 그래서 계속 듣고 싶어져요.

6) 가: 수현 씨는 남편하고 어떻게 결혼하게 되었어요?
   나: 제 남편이 _____ 거든요. 그래서 보자마자 마음에 들었어요.

7) 가: 나중에 연애결혼을 할 거예요?
   나: 아니요. 저는 선을 볼 거예요. 저하고 _____ 사람과 결혼하고 싶어요.

2. 알맞은 것을 골라서 문자 메시지를 완성해 보세요.

> 연애결혼   소개팅하다   선보다   중매결혼

민수야, 잘 지내지? 나 다음 달에 결혼해.
청첩장을 주고 싶은데 혹시 다음 주 주말에 시간 있어?

정말 축하해. 근데 다음 주에는 출장을 가야 하는데 어떡하지?
혹시 모바일 청첩장이 있으면 보내 줄래?

알았어. 그럼 다시 약속을 잡자.

모바일 청첩장 보러 가기 >

와, 둘이 정말 잘 어울린다. 근데 두 사람은 어떻게 만났어?
1) __연애결혼이야__ ?

아니야. 우리는 2) _____ (이)야. 엄마 친구분의 딸하고
3) _____ 는데/(으)ㄴ데 이렇게 결혼까지 하게 됐어.

그랬구나. 나도 이번 주말에 친구 후배하고 4) _____ 기로
했는데…. 나도 빨리 결혼하고 싶다.

3. 친구들을 인터뷰해 보세요.

	친구:	친구:
1) 어떤 사람과 소개팅하고 싶습니까?		
2) 결혼할 사람을 어떻게 만났으면 좋겠습니까?		
3) 결혼할 때 무엇이 문제가 될 수 있다고 생각합니까? (나이 차이, 국적, 부모님의 반대, 종교 등)		

청첩장 wedding invitation   모바일 mobile   종교 religion

문법과 표현 1 동-으려면 멀었다

1. **문장을 만들어 보세요.**

    1) 지난주에 한국에 왔다.
       ➡ 고향에 돌아가려면 아직 멀었다   . (고향에 돌아가다)

    2) 조금 전에 저녁 준비를 하기 시작했다.
       ➡ _____ . (밥을 먹다)

    3) 지금 3급에서 한국어를 공부하고 있다.
       ➡ _____ . (6급에서 공부하다)

    4) 최근에 아르바이트를 시작했다.
       ➡ _____ . (등록금을 다 모으다)

    5) 얼마 전에 소개팅한 사람과 사귀기로 했다.
       ➡ _____ . (결혼하다)

2. **대화를 완성해 보세요.**

    1) 가: 빵이 다 구워졌어요?
       나: 방금 전에 오븐에 빵을 넣었어요. 빵이 다 구워지려면 멀었어요   .

    2) 가: 오늘 수업이 언제 끝나요?
       나: 수업을 시작한 지 얼마 안 됐어요. 수업이 _____ .

    3) 가: 프랑스어를 정말 잘하시네요.
       나: 배운 지 세 달밖에 안 됐어요. 프랑스어를 _____ .

    4) 가: 세계 여행을 할 거라고 했지요? 언제 여행을 떠날 계획이에요?
       나: 여행 갈 돈을 모으기 위해서 지난주부터 아르바이트를 시작했어요.
           여행을 _____ .

오븐 oven

5) 가: 부산에 잘 도착했어요?
   나: 아니요. _____. 추석 연휴에는 길이 많이 막히거든요.

6) 가: 동생은 언제 제대해요?
   나: 지난달에 군대에 갔어요. _____.

7) 가: 월급을 언제 받아요?
   나: 어제 월급을 받았어요. 다음 달 월급을 _____.

8) 가: 책을 다 읽으면 저한테도 좀 빌려주세요.
   나: 조금 전에 읽기 시작했어요. _____.

3. 미래의 계획에 대해 친구와 이야기해 보세요.

언제 졸업할 생각이에요?

졸업하려면 아직 멀었어요. 학교에 입학한 지 얼마 안 됐거든요.

졸업   귀국   취직

결혼   ?

제대하다 to be discharged from military service

13-1. 연애의 조건

문법과 표현 2 — 동형-잖아(요), 명이잖아(요)

1. 대화를 완성해 보세요.

   1) 가: 왜 민우 씨와 사귀게 되었어요?
      나: 마음씨가 착하잖아요 . (마음씨가 착하다)

   2) 가: 다니엘 씨가 오늘 멋있는 옷을 입고 왔네요.
      나: _____ . (오늘 소개팅하다)

   3) 가: 가수 유리는 인기가 정말 많은 것 같아요.
      나: _____ . (노래를 잘 부르다)

   4) 가: 미소 씨가 김밥을 싸 왔는데 정말 맛있어요.
      나: _____ . (원래 음식을 잘 만들다)

   5) 가: 사람들이 제주도에 많이 간다고 들었어요.
      나: _____ . (경치가 아름답다)

   6) 가: 왜 두꺼운 옷을 입었어요?
      나: _____ . (날씨가 춥다)

   7) 가: 도로에 차가 정말 많네요.
      나: _____ . (연휴다)

   8) 가: 오늘은 왜 학교에 안 가요?
      나: _____ . (휴일이다)

2. 대화를 완성해 보세요.

1) 가: 땅이 젖어 있네요.
   나: 어젯밤에 비가 왔잖아요.

2) 가: 케이트 씨는 한국어를 정말 잘하네요.
   나: _____.

3) 가: 안나 씨가 기분이 안 좋아 보이는데 왜 그런지 아세요?
   나: _____.

4) 가: 어제 왜 회사에 안 갔어요?
   나: _____.

3. 데이트 계획에 대해 친구와 이야기해 보세요.

이번 주말에 데이트를 한다고 들었어요. 어디에 갈 거예요?

남산에 가려고 해요. 남산이 데이트하기 좋고 경치도 아름답잖아요.

같이 뭘 먹을 거예요?

분위기 좋은 카페에 가서 디저트를 먹을 생각이에요. 단 음식을 먹으면 기분이 좋아지잖아요.

디저트 dessert

어휘 Vocabulary

1. 알맞은 것을 골라서 대화를 완성해 보세요.

> 첫눈에 반하다   얼굴이 빨개지다   가슴이 두근거리다

1) 가: 진영 씨, 왜 갑자기 _____?
   나: 방금 제가 좋아하는 사람이 지나갔거든요.

2) 가: 두 사람은 어떻게 결혼하게 됐어요?
   나: 남편이 저를 보자마자 _____.

3) 가: 오늘 좋아하는 가수의 콘서트에 간다고 했지요? 기분이 어때요?
   나: _____ 아서/어서 어젯밤에 잠도 못 잤어요.

2. 그림을 보고 알맞은 것을 골라서 문장을 완성해 보세요.

> 손을 잡다
> 나란히 앉다
> 어깨에 기대다
> 팔짱을 끼다

1) 두 사람이 벤치에 _____ 아서/어서 연못을 바라보고 있어요.
2) 여자가 남자의 _____ 아서/어서 쉬고 있어요.
3) 아이가 아빠의 _____ 고 걷고 있어요.
4) 두 사람이 _____ 고 걷는 걸 보니 사귀나 봐요.

벤치 bench   연못 pond

3. 알맞은 것을 골라서 글을 완성해 보세요.

> 고백하다   청혼하다   사랑이 식다   이별하다

유나의 연애
장르: 로맨스
작가: 이동근
♥ 894

대학생 유나는 동아리 선배인 준서를 혼자 좋아하고 있다. 유나는 용기를 내서 준서에게 1) _____ 기로 결심한다. 그런데 준서도 오래전부터 유나를 좋아하고 있었다. 서로의 마음을 확인한 두 사람은 연애를 시작하는데….

사귄 지 1년 후 유나는 준서를 만나도 더 이상 가슴이 두근거리지 않는다. 그리고 이런 자신의 모습을 보며 2) _____ 다고 생각한다. 결국 유나는 준서와 3) _____ 기로 마음먹는다. 그런데 그때 준서가 꽃과 반지를 주면서 유나에게 4) _____ 는데/(으)ㄴ데….

4. 알고 있는 사랑 이야기에 대해 이야기해 보세요.

영화/드라마   소설   나   친구/가족

> 저는 영화 속 사랑 이야기에 대해 소개하겠습니다. 이 영화는 주인공이 우연히 첫사랑과 다시 만나 사랑에 빠지는 이야기입니다.

장르 genre   로맨스 romance   용기를 내다 to muster up the courage   결국 in the end

문법과 표현 ③ 동형-으면 동형-을수록

1. 알맞은 것을 연결하고 문장을 완성해 보세요.

   1) 운동을 하다 • • 물건값이 비싸다
   2) 품질이 뛰어나다 • • 기분이 좋아지다
   3) 시간이 지나다 • • 공원에 사람이 많다
   4) 날씨가 좋다 • • 건강이 나빠지다
   5) 단 음식을 먹다 • • 고향이 그리워지다

   1) 운동을 하면 할수록 기분이 좋아진다.
   2) _____ .
   3) _____ .
   4) _____ .
   5) _____ .

2. 대화를 완성해 보세요.

   1) 가: 언제 결혼하고 싶어요?
      나: 빠르면 빠를수록 좋을 것 같아요. 여자 친구와 결혼한 후에 함께 유학을 가기로 했거든요.

   2) 가: 한국어 공부가 어때요?
      나: _____ 재미있어요. 계속 배우고 싶어요.

   3) 가: 김치를 정말 잘 먹네요. 김치가 맵지 않아요?
      나: 네. 김치는 _____ 맛있는 것 같아요.

   4) 가: 서울에 살아 보니까 어때요?
      나: _____ 편한 곳인 것 같아요. 계속 여기서 살고 싶어요.

   5) 가: 그 노래가 그렇게 좋아요?
      나: 네. _____ 좋아요. 그래서 요즘 매일 듣고 있어요.

3. 그림을 보고 대화를 완성해 보세요.

1)
가: 휴대폰이 100만 원인데 벌써 다 팔렸다고요?
나: 네. 요즘은 __비싼 물건일수록__ 잘 팔려요. (비싼 물건이다)

2)
가: 아이가 영어를 참 잘하네요.
나: 3살 때부터 영어를 가르쳤어요.
_____ 외국어를 빨리 배우거든요. (어린아이다)

3)
가: 이 집은 월세가 비싸네요.
나: _____ 월세가 비싸요. (역 근처다)

4)
가: 민우 씨는 부자니까 아무 걱정도 없겠죠?
나: 글쎄요. _____ 걱정도 많아진대요. (부자다)

5)
가: 제가 장난을 쳐서 나나 씨가 화가 났어요.
나: 저는 _____ 예의를 지켜야 한다고 생각해요. 얼른 사과하세요. (친한 친구다)

4. 다음에 대해 친구와 이야기해 보세요.

시간이 지나면 지날수록 많아지는 것   어두우면 어두울수록 더 잘 보이는 것

크면 클수록 더 가벼워지는 것   오래되면 오래될수록 비싸지는 것   ?

 시간이 지나면 지날수록 많아지는 것은 뭐예요?

 사람의 나이예요.

 어린아이 young child   장난을 치다 to play a prank on   예의를 지키다 to be well mannered

문법과 표현 ④ 동-는 척하다, 형-은 척하다, 명인 척하다

1. 그림을 보고 문장을 완성해 보세요.

1) 제니는 <u>음악을 듣다가 수업을 열심히 듣는 척해요</u>.

2) 에릭은 _____.

3) 다니엘은 _____.

4) 민우는 _____.

5) 아야나는 _____.

2. 대화를 완성해 보세요.

1) 가: 오늘은 일찍 퇴근했네요.
   나: 네. 너무 피곤해서 <u>아픈 척하고</u> 일찍 왔어요.

2) 가: 소날 씨는 외국 사람인데 매운 음식을 잘 먹네요.
   나: 사실은 잘 못 먹어요. 그런데 친구들이 불편해할까 봐 _____.

3) 가: 미호 씨한테 받은 선물이 마음에 들어요?
   나: 아니요. 하지만 저를 생각해서 준 선물이니까 _____.

4) 가: 어제 데이트할 때 본 영화 재미있었어요?
   나: 아니요. 그런데 남자 친구가 기분 나빠할까 봐 _____.
      남자 친구가 예매한 영화였거든요.

5) 가: 어쩌다가 다리를 다쳤어요?
   나: 어제 지하철역에서 넘어졌어요. 너무 아팠지만 사람들이 많아서 _____.

6) 가: 꽃이 예쁘네요. 누구한테 받았어요?
   나: 식당에서 생일인 손님에게 나눠 주고 있더라고요.
      그래서 저도 _____ 고 받아 왔어요.

3. 다음에 대해 친구와 이야기해 보세요.

길에서 전에 사귀던 사람을 만나면 어떻게 할 거예요?

저는 모른 척하고 지나갈 거예요.

길에서 우연히 전에 사귀던 사람을 만나다

너무 피곤한데 친구들이 모임에 나오라고 하다

친구가 자꾸 돈을 빌려 달라고 하다

산에서 곰을 만나다

14

고향의 어제와 오늘 Hometown's Past & Future

14-1 도시와 시골
14-2 현재와 미래

	어휘	도시와 시골 생활
14-1	문법과 표현	동형-었던, 명이었던
		동형-을걸(요), 명일걸(요)
14-2	어휘	변화
	문법과 표현	명만큼
		동형-지 않으면 안 되다

어휘 Vocabulary

1. 알맞은 것을 골라서 문장을 완성해 보세요.

> 따분하다   활기차다   공기가 좋다   공해가 심하다

1) 우리 고향에는 공장과 자동차가 많다. 거기에서 나오는 매연 때문에 _____.

2) 우리 나라는 산이 많아서 _____ 기로 유명하다.

3) 작은 시골 동네에 젊은 예술가들이 모이기 시작한 후 분위기가 _____ 게 변했다.

4) 시골집에 내려가면 볼거리나 놀거리가 부족해서 _____.

2. 알맞은 것을 골라서 대화를 완성해 보세요.

> (시간 가는 줄 모르다)   여유가 없다   평화롭다   볼거리가 다양하다   편의 시설이 잘되어 있다

1) 가: 아이들이 집에 갈 생각을 안 하네요.
   나: 네. 오랜만에 시골에 와서 신났나 봐요. <u>시간 가는 줄 모르고</u> 놀고 있네요.

2) 가: 다음 달에 열리는 문화 행사에서는 다양한 전시와 공연도 볼 수 있대요.
   나: 그래요? 올해는 작년보다 훨씬 _____ (으)ㄹ 것 같네요.

3) 가: 아버지가 어릴 때 살던 곳은 어떤 동네였어요?
   나: 조용하고 _____ 시골 마을이었지.

4) 가: 새로 이사한 동네는 어때요? 마음에 들어요?
   나: 네. 바로 앞에 공원도 있고 카페도 많아요. _____ 아서/어서 정말 편리해요.

5) 가: 주말에 새로 나온 영화를 보러 갈 계획인데 너도 같이 갈래?
   나: 미안해. 다음 주에 중요한 시험이 있어서 _____.

공장 factory   매연 fume   예술가 artist   놀거리 fun things to do

3. 앞으로 살고 싶은 곳에 대해 친구와 이야기해 보세요.

평화롭다   여유가 있다   공기가 맑다

활기차다   볼거리가 다양하다   편의 시설이 잘되어 있다

앞으로 어떤 곳에서 살고 싶어요?

저는 조용하고 평화로운 곳에서 살고 싶어요. 지금 사는 곳은 사람도 많고 복잡해서 여유가 없거든요.

4. 친구들을 인터뷰해 보세요.

	친구:	친구:
1) 따분할 때 뭘 하면서 시간을 보내요?		
2) 최근에 시간 가는 줄 모르고 한 일이 있어요?		
3) 고향에서 볼거리가 다양한 곳이 어디예요?		

문법과 표현 1 동형-었던, 명이었던

1. 대화를 완성해 보세요.

    1) 가: 오랜만에 고향에 갔다 왔다고 들었어요.
       나: 네. 작년 겨울에 __갔던__ 스키장에 다녀왔어요. (가다)

    2) 가: 이번 방학에 뭐 할 거예요?
       나: 지난 방학에 _____ 산에 다시 가 보려고요. (올라가다)

    3) 가: 어제 _____ 옷을 어디에서 샀어요? 저도 사고 싶어요. (입다)
       나: 저도 잘 몰라요. 친구한테 생일 선물로 받았어요.

    4) 가: 이거 제가 선물한 화분이에요? 정말 잘 자랐네요.
       나: 네. 처음에는 _____ 꽃나무가 이렇게 컸어요. (작다)

    5) 가: 봄이 왔나 봐요. 벌써 꽃도 피었네요.
       나: 네. _____ 날씨가 따뜻해진 걸 보니 진짜 봄인가 봐요. (춥다)

    6) 가: 공원이 새로 생겼나 봐요. 정말 아름답네요.
       나: 네. _____ 곳이 이렇게 멋진 공원으로 바뀌었어요. (공장이다)

2. 알맞은 것을 고르세요.

    1) 작년에 출장 갈 때 (타던 / (탔던)) 비행기 안에서 여자 친구를 처음 만났어요.

    2) 조금 전에 내가 (마시던 / 마셨던) 커피 못 봤어요?

    3) 친한 언니가 결혼할 때 (입던 / 입었던) 한복을 빌려줬어요.

    4) 이 사진은 대학교 입학식 때 (찍던 / 찍었던) 사진이에요.

    5) 친구를 만나려면 (하던 / 했던) 숙제를 빨리 끝내야 해요.

    6) 작년 휴가 때 (다녀왔던 / 다녀오던) 곳은 볼거리가 다양하고 활기찬 도시였어요.

    7) 지난주에 소개팅에서 (만나던 / 만났던) 사람을 우연히 지하철에서 또 만났어요.

3. 그림을 보고 문장을 완성해 보세요.

1)  여기는 제가 작년에 <u>여행을 갔던 도시</u> 입니다.

2)  이 영화는 제가 처음으로 _____ 입니다.

3)  이 책은 제가 어렸을 때 _____ 입니다.

4)  이곳은 제가 어렸을 때 _____ 입니다.

4. 처음 경험해 본 일에 대해 이야기해 보세요.

불고기는 제가 처음 먹었던 한국 음식이에요.

제가 처음 만들었던 한국 음식은 해물파전이에요.

음식　　　　영화　　　　여행지　　　　친구

문법과 표현 2 — 동형-을걸(요), 명일걸(요)

1. 대화를 완성해 보세요.

   1) 가: 은퇴 후에 고향에 돌아가서 살면 어떨까요?
      나: 미나 씨 고향은 경치도 좋고 평화롭잖아요. 은퇴 후에 <u>살기 좋을걸요</u>. (살기 좋다)

   2) 가: 부모님은 지금 뭘 하고 계실까요?
      나: 지금 고향은 저녁 시간이라서 아마 _____. (쉬고 계시다)

   3) 가: 어제 도서관에서 책을 빌렸는데 언제까지 반납하는 게 좋을까?
      나: 주말까지는 _____. (반납해야 하다)

   4) 가: 안나 씨가 닭갈비를 좋아할까?
      나: 안나 씨는 한국 음식은 무엇이나 좋아하니까 닭갈비도 _____. (잘 먹다)

   5) 가: 호주로 여행 가려고 하는데 요즘 날씨가 어떨까요?
      나: 한국이 여름이니까 호주는 아마 _____. (춥다)

   6) 가: 크리스 씨가 무슨 일을 하는지 알아요?
      나: 아마 _____. (요리사다)
      고향에서 오랫동안 요리를 배웠다고 들었어요.

   7) 가: 나나 씨가 어느 나라 사람인지 알아요?
      나: 아마 _____. (중국 사람이다)
      지난번에 보니까 중국어를 정말 잘하더라고요.

   8) 가: 은행에 가려고 하는데 지금 문을 열었을까요?
      나: _____. (닫았다)
      은행은 다른 곳보다 조금 일찍 문을 닫아요.

2. 대화를 완성해 보세요.

1) 가: 시골에 사는 사람들을 보면 부러워요. 여유가 있잖아요.
   나: 아마 도시에 사는 사람들보다 더 <u>여유가 없을걸요</u>. 농사도 짓고 가축을 돌봐야 해서 하루 종일 바쁘거든요.

2) 가: 이른 시간이니까 도서관에 사람이 없겠지요?
   나: _____. 시험 기간이잖아요.

3) 가: 며칠 동안 계속 비가 왔으니까 내일은 안 오겠지요?
   나: _____. 장마철이잖아요.

4) 가: 새로 나온 휴대폰이 작다고 들었어요. 제 주먹만 할까요?
   나: 아니요. 더 _____. 명함만 하다고 들었어요.

5) 가: 유진 씨는 지금쯤 고향에 도착했겠지요?
   나: 아직 _____. 명절에는 차가 많이 막힌다고 들었어요.

3. 다음에 대해 친구와 이야기해 보세요.

| 한국에서는 버스에서 음료수를 마셔도 돼요? | 글쎄요. 버스에서 음료수를 마시면 안 될걸요. |

한국에서는 버스에서 음료수를 마셔도 된다?

한강공원은 입장료가 무료다?

남산서울타워의 불빛은 항상 같은 색이다?

내일 서울의 공기는 맑다?

?

가축 livestock   장마철 rainy season   불빛 light

어휘 Vocabulary

1. 알맞은 것을 골라서 대화를 완성해 보세요.

> 몰라보다   나타나다   발전하다   변하다
> 상상이 되다   상상이 안 되다

1) 가: 마이클 씨가 운동을 열심히 했나 봐요. 다른 사람이 됐네요.
   나: 맞아요. 저도 아까 마이클 씨를 만났는데 <u>몰라봤어요</u>.

2) 가: 과학 기술이 갈수록 _____ 고 있대요.
   나: 맞아요. 몇 년 후에는 우리도 우주여행을 다니게 될 거예요.

3) 가: 이 식당이 네가 대학교 다닐 때 자주 오던 곳이라고 했지?
   나: 응. 그런데 음식 맛이 좀 _____ 아서/어서 전처럼 맛있지가 않네.

4) 가: 불이 난 곳에서 사람을 구하는 로봇이 있대요.
   나: 로봇이 사람을 구한다고요? 저는 _____ .

5) 가: 10년 후 달라질 고향의 모습이 _____ ?
   나: 네. 우리 고향에 지하철도 생기고 사람들도 많아질 것 같아요.

6) 가: 이번 퀴즈 대회에서는 누가 우승을 하게 될까요?
   나: 글쎄요. 새로운 도전자가 많이 _____ 아서/어서 저도 잘 모르겠어요.

기술 technology   우주여행 space travel

2. 그림을 보고 알맞은 것을 골라서 글을 완성해 보세요.

사라지다   생기다   새롭다   낡다

이곳은 공사 전에 오래된 공원이었습니다. 공사 후 공원에 있던 호수가 1) _____.
그리고 호수가 있던 곳에는 놀이공원이 2) _____. 오래되고 3) _____
시설이 없어져서 공원이 깨끗해졌습니다. 4) _____ 게 변한 공원에는 예전보다 더
많은 사람들이 찾아오게 되었습니다.

3. 변화에 대해 친구와 이야기해 보세요.

어렸을 때 같이 놀던 친구가 몰라보게 달라졌어요.
어렸을 때는 그 친구가 저보다 작았는데 지금은
저보다 키가 커요. 그리고….

오랜만에 만난 가족과 친구   어렸을 때 살던 곳

예전에 여행한 장소   오랜만에 방문한 식당

문법과 표현 3 명만큼

1. 그림을 보고 대화를 완성해 보세요.

1) 가: 여기 있는 커피를 제가 마셔도 돼요?
   나: 네. 하이 씨가 사무실 <u>직원 수만큼</u> 커피를 사 왔어요.

2) 가: 민우 씨는 저 _____ 키가 큰 것 같아요.
   나: 정말 두 사람이 키가 비슷하네요.

3) 가: 저기 새로 짓고 있는 건물은 뭐예요?
   나: 백화점이에요. 우리 학교 _____ 넓은 백화점이 생긴다고 해요.

4) 가: 소날 씨는 _____ 노래를 잘 부르는 것 같아요.
   나: 맞아요. 회사 노래 대회에서 1등을 한 적도 있다고 해요.

5) 가: 테오 씨 고향도 많이 복잡하지요?
   나: 네. 우리 고향도 _____ 도로에 차가 많아요.

2. 알맞은 것을 골라서 대화를 완성해 보세요.

> 대궐만큼   눈곱만큼   바다만큼   하늘만큼 땅만큼

1) 가: 나를 얼마만큼 사랑해?
   나: _____ 사랑해.

2) 가: 졸업하자마자 취직할 거예요?
   나: 아니요. 저는 지금 취직할 생각이 _____ 도 없어요.

3) 가: 어제 나나 씨가 길에 쓰러져 있던 강아지를 병원에 데려다줬대요.
   나: 정말요? 나나 씨는 마음이 _____ 넓은 것 같아요.

4) 가: 프엉 씨 고향집이 _____ 크다고 들었어요.
   나: 할아버지께서 지으신 집이에요. 다음에 지연 씨도 꼭 놀러 오세요.

대궐 king's palace   눈곱 rheum

3. 알맞은 것을 넣어서 글을 완성해 보세요.

내 고향, 아름다운 서울

내 고향에는 경복궁이나 덕수궁처럼 옛날에 지어진 건물들이 많이 남아 있다. 1) __궁궐만큼__ 오래된 한옥들이 모여 있는 한옥 마을도 있다. 2) _____ 자연과 잘 어울리는 건물은 없는 것 같다. 명동이나 동대문에 가면 관광객들이 밤하늘의 3) _____ 많다. 그리고 강남에는 4) _____ 높은 빌딩들이 많다. 그곳은 언제나 바쁘게 사는 직장인들로 붐빈다.

나는 자연과 사람, 과거와 현재가 함께하는 내 고향, 5) _____ 아름다운 곳은 없다고 생각한다.

4. 고향의 변화에 대해 친구와 이야기해 보세요.

사라져서 아쉬운 것이 있어요?

고향집 근처에 있던 공원이 사라졌어요. 운동장만큼 넓은 공원이었는데 없어져서 아쉬워요.

새로 생겨서 좋은 것이 있어요?

얼마 전에 우리 대학 캠퍼스만큼 큰 병원이 생겼어요. 이제 아플 때 멀리 가지 않아도 돼서 좋아요.

덕수궁 Deoksugung Palace   궁궐 palace

문법과 표현 4 동/형 -지 않으면 안 되다

1. 문장을 바꿔서 써 보세요.

Q. 예전보다 눈이 많이 나빠졌어요.
눈 건강을 지키려면 어떻게 해야 할까요?

↳ 컴퓨터 화면이나 책은 밝은 곳에서 봐야 해요.
↳ 눈 건강에 좋은 음식을 먹어야 해요.
↳ 한 시간 정도 일하고 나서 10분 정도 쉬어야 해요.
↳ 6개월에 한 번 안과에 가서 검사를 받아야 해요.

1) 컴퓨터 화면이나 책은 밝은 곳에서 보지 않으면 안 된다.
2) _____.
3) _____.
4) _____.

2. 대화를 완성해 보세요.

1) 가: 도시를 깨끗하게 만들려면 어떻게 해야 할까요?
   나: 매일 집 앞을 청소하지 않으면 안 돼요 / 매일 집 앞을 청소 안 하면 안 돼요.

2) 가: 외국에서 공부하려면 비자를 받아야겠지요?
   나: 네, _____.

3) 가: 기숙사에는 몇 시까지 들어가야 하지요?
   나: 11시까지 _____.

검사를 받다 to get an exam

4) 가: 출발 한 시간 전에는 공항에 도착해야겠지요?

   나: 출발 세 시간 전까지 _____ .

5) 가: 한국어를 잘하려면 어떻게 해야 할까요?

   나: _____ .

3. 그림을 보고 문장을 완성해 보세요.

1)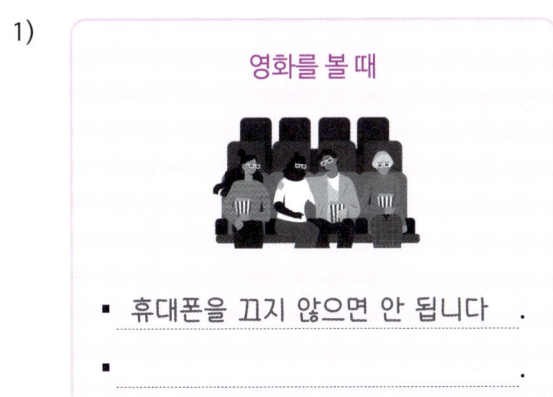

   영화를 볼 때
   - 휴대폰을 끄지 않으면 안 됩니다.
   - _____ .

2)

   비행기에서
   - _____ .
   - _____ .

3) 수영장에서
   - _____ .
   - _____ .

4)

   집을 오래 비울 때
   - _____ .
   - _____ .

4. 살기 좋은 마을에 대해 친구와 이야기해 보세요.

 우리 마을이 살기 좋아지려면 공원이 많이 생기지 않으면 안 됩니다.

 살기 좋은 마을이 되려면 교통이 편리하지 않으면 안 됩니다.

자연환경　　　　편의 시설　　　　교통　　　　?

15 건강한 몸과 마음
Healthy Body & Mind

15-1 튼튼한 몸
15-2 건강한 마음

15-1	어휘	몸 상태
	문법과 표현	동-었더니
		명이라도
15-2	어휘	정신 건강
	문법과 표현	동-느라(고)
		동형-었어야 하다, 명이었어야 하다

어휘 Vocabulary

1. 알맞은 것을 골라서 대화를 완성해 보세요.

> 숨이 차다   몸이 무겁다/가볍다   힘이 없다   힘이 세다

1) 가: 요즘 계단을 조금만 올라가도 _____.
   나: 아침에 일찍 일어나서 조깅을 해 보지 그래요?

2) 가: 무거워 보이는데 좀 도와드릴까요?
   나: 저는 _____ 아서/어서 괜찮아요. 혼자 들 수 있어요.

3) 가: 기분이 좋아 보이네.
   나: 응. 요즘 매일 운동을 하니까 기분도 상쾌하고 _____.

4) 가: 어디 아파요?
   나: 아니요. 아침을 못 먹어서 _____ 네요.

2. 알맞은 것을 연결해 보세요.

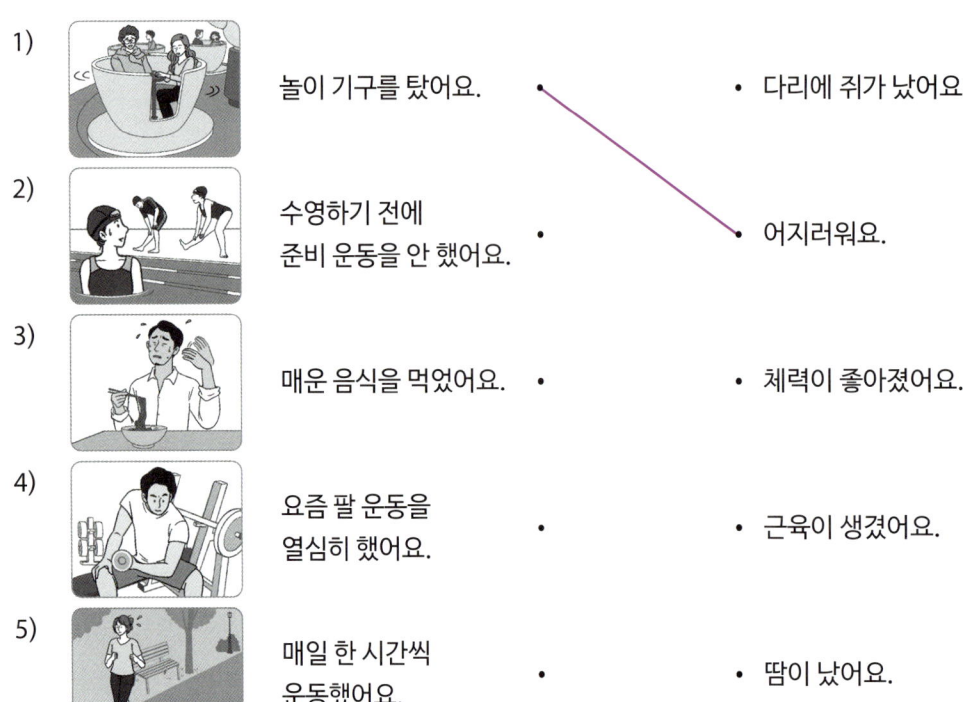

상쾌하다 to be refreshing

3. 자신의 상태에 체크(√)한 후 건강 상태에 대해 이야기해 보세요.

- ☐ 조금만 움직여도 숨이 차다.
- ☐ 아침에 일어나면 몸이 무겁고 피곤하다.
- ☐ 앉았다가 일어날 때 어지럽다.
- ☐ 덥지 않은데도 땀이 난다.
- ☐ 푹 쉬고 잘 먹는데도 힘이 없다.
- ☐ 잘 때 쥐가 자주 난다.
- ☐ 꾸준히 운동하는데도 체력이 좋아지지 않는다.
- ☐ 인스턴트식품을 일주일에 3회 이상 먹는다.
- ☐ 음료수를 자주 마신다.
- ☐ 늦게 자는 편이다.
- ☐ 스스로 힘이 약하다고 느낄 때가 많다.
- ☐ 자세가 나쁘다는 말을 들은 적이 있다.

0~2개	매우 건강한 편입니다. 훌륭합니다.
3~5개	건강한 편입니다. 앞으로도 건강을 잘 지키세요.
6~8개	보통입니다. 건강에 문제가 없지만 조금 더 노력해 보세요.
9~12개	건강에 문제가 생길 수 있으므로 주의해야 합니다.

저는 건강한 편인 것 같아요. 그래도 건강을 지키기 위해서 계속 노력해야겠어요.

인스턴트식품 instant food

문법과 표현 ❶ 동-었더니

1. 알맞은 것을 연결하고 문장을 완성해 보세요.

1) 꾸준히 요가를 하다 • • 성적이 오르다
2) 공부를 열심히 하다 • • 기뻐하시다
3) 부모님께 선물을 드리다 • • 속도가 빨라지다
4) 아이에게 책을 많이 읽히다 • • 자세가 좋아지다
5) 아침 일찍 학교에 가다 • • 똑똑해지다
6) 컴퓨터를 껐다가 켜다 • • 문이 닫혀 있다

1) 꾸준히 요가를 했더니 자세가 좋아졌어요.
2) _____.
3) _____.
4) _____.
5) _____.
6) _____.

2. 대화를 완성해 보세요.

1) 가: 어제 오래 걸었는데 피곤하지 않아요?
   나: 괜찮아요. 매일 _줄넘기를 했더니_ 요즘 체력이 좋아졌어요.

2) 가: 감기는 다 나았어요?
   나: 어제 _____ 괜찮아졌어요.

3) 가: 지난 방학에 고향에 다녀왔지요?
   나: 네. 오랜만에 _____ 부모님이 정말 좋아하셨어요.

4) 가: 에릭 씨, 한국어를 정말 잘하시네요.
   나: 매일 _____ 한국어 실력이 좋아졌어요.

5) 가: 안나 씨, 어디 아파요? 얼굴이 안 좋아 보여요.
   나: 어제 _____ 배탈이 났어요.

6) 가: 동생을 왜 울렸어요?
   나: _____ 동생이 울었어요.

3. 알맞은 것을 고르세요.

1) 지각할까 봐 (뛰어오더니 / (뛰어왔더니)) 숨이 차네요.

2) 지난주까지는 날씨가 (춥더니 / 추웠더니) 이번 주에는 따뜻하네요.

3) 동생이 점심을 많이 (먹더니 / 먹었더니) 저녁을 안 먹겠대요.

4) 몸이 안 좋아서 학교에 안 (가더니 / 갔더니) 친구한테 전화가 왔어요.

5) 운동을 열심히 (하더니 / 했더니) 근육이 생겼어요.

6) 하영 씨가 어렸을 때는 키가 (작더니 / 작았더니) 지금은 정말 크네요.

7) 제가 일본어로 (말하더니 / 말했더니) 마리 씨가 깜짝 놀랐어요.

4. 다음에 대해 친구와 이야기해 보세요.

약속 장소에 늦게 갔더니 아무도 없었어요.   오랜만에 운동을 했더니 피곤하네요.

약속 장소에 늦게 가다   오랜만에 운동하다

친구에게 고향 음식을 만들어 주다   매일 한국 드라마를 보다

친구의 숙제를 도와주다   친구에게 주말에 영화를 보자고 하다

문법과 표현 ② 명이라도

1. 대화를 완성해 보세요.

1) 가: 집에 주스가 없는데 어떡하죠?
   나: 그럼 <u>물이라도 주세요</u>. (물, 주다)

2) 가: 손님, 죄송합니다. 얼음이 떨어져서 지금 아이스커피는 주문이 안 됩니다.
   나: 어쩔 수 없지요. _____. (뜨거운 커피, 주다)

3) 가: 부산에 가는 기차표가 다 팔렸대.
   나: 네가 바다를 보고 싶다고 했으니까 가까운 _____. (인천, 가다)

4) 가: 갑자기 비가 내리네요. 혹시 우산 있어요?
   나: 우산은 없고 비옷만 있는데 _____? (비옷, 입다)

5) 가: 배고픈데 시간이 너무 늦어서 음식 배달이 안 된대요.
   나: 그래요? 그럼 _____? (라면, 끓여 먹다)

6) 가: 오늘이 엄마 생신인데 깜빡 잊어버렸어요.
   나: 그럼 빨리 _____. (편지, 쓰다)

7) 가: 머리가 너무 아픈데 병원에 갈 시간이 없네요.
   나: 그럼 _____.

8) 가: 고객님께서 주문하신 상품은 품절되었습니다. 교환이 어려울 것 같습니다.
   나: 그럼 _____.

 떨어지다 to run out   비옷 raincoat

2. 직원과 손님이 되어 이야기해 보세요.

　　오후 2시 표를 주세요.
　　그럼 6시 표라도 주세요.
　　손님 정말 죄송합니다. 오후 2시 표는 매진되었습니다. 저녁 6시 표는 있습니다.

1)  오후 2시 표는 없고 저녁 6시 표만 있다.
2)  비빔밥은 없고 김밥만 있다.
3)  케이크는 없고 샌드위치만 있다.
4)  수박은 없고 참외만 있다.
5)  빨간색 치마는 없고 파란색 치마만 있다.

3. 친구와 약속을 정해 보세요.

　　오후에 뭐 할 거예요?
　　그럼 같이 영화라도 보러 갈래요?
　　특별한 약속이 없어서 청소를 하려고 해요.
　　네. 좋아요.

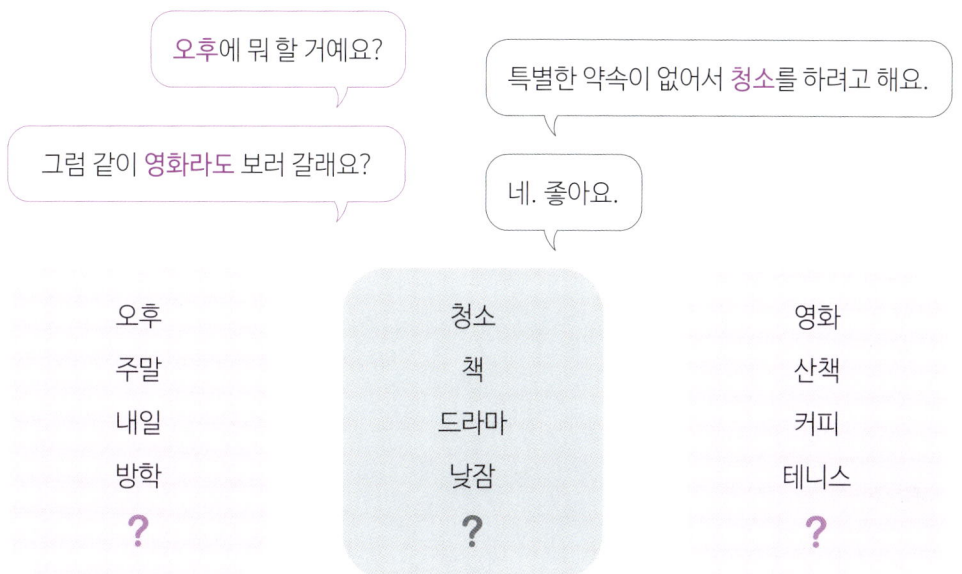

오후	청소	영화
주말	책	산책
내일	드라마	커피
방학	낮잠	테니스
?	?	?

어휘 Vocabulary

1. 알맞은 것을 골라서 대화를 완성해 보세요.

> ~~스트레스가 쌓이다~~   집중이 안 되다   우울하다   지치다   어려움을 느끼다   상처를 받다

1) 가: 요즘 시험 때문에 계속 스트레스를 받아요.
   나: 그렇게 __스트레스가 쌓이면__ 건강에 좋지 않아요. 주말에는 좀 쉬세요.

2) 가: 아까 화가 나서 친구에게 심한 말을 했어요.
   친구가 저 때문에 _____ 는/(으)ㄴ 것 같아서 걱정이에요.
   나: 그럼 친구에게 먼저 사과하지 그래요?

3) 가: 공부할 때 문자 메시지가 오면 자꾸 휴대폰을 보게 돼요.
   나: 휴대폰 때문에 _____ (으)ㄹ 때는 잠깐 꺼 두는 게 좋아요.

4) 가: 동생이 여자 친구와 헤어지더니 많이 _____. 집 밖에도 잘 나가려고 하지 않아요.
   나: 가벼운 운동을 하게 하세요. 그리고 밝은 음악을 듣게 하는 것도 도움이 될 겁니다.

5) 가: 요즘 회사에서 동료들과의 관계 때문에 _____ 사람들이 많대요.
   나: 저도 기사에서 읽었어요. 그럴 때는 회사 선배에게 도움을 요청하는 게 좋대요.

6) 가: 밥 먹고 운동하러 나갈래?
   나: 아니. 오늘은 그냥 집에서 쉬고 싶어. 며칠 동안 야근을 했더니 _____.

2. 친구들을 인터뷰해 보세요.

> 공부를 해야 하는데 집중이 안 될 때 어떻게 해요?

> 저는 그럴 때 조용한 음악을 들어요.

	친구:	친구:
1) 집중이 안 될 때 어떻게 합니까?		
2) 우울하거나 지쳤을 때 어떻게 합니까?		
3) 최근 상처를 받은 일이 있습니까?		
4) 어려움을 느끼는 일이 있습니까?		
5) 어떨 때 스트레스가 쌓입니까?		

3. 알맞은 것을 골라서 글을 완성해 보세요.

   ⟨마음이 편안해지다⟩ 기운이 나다 마음에 여유가 생기다 스트레스가 풀리다

   ### 명상 프로그램 안내

   요즘 스트레스를 받는 분들이 많이 계실 텐데요. 1) <u>마음이 편안해지도록</u> 일주일에 하루 정도는 하던 일들을 잠시 멈추고 자신을 돌보는 시간을 가져 보세요. 먼저 자기가 가장 좋아하는 취미 활동을 해 보세요. 취미 활동을 하면 그동안 쌓인 2) _____ (으)ㄹ 거예요. 또 기운이 없을 때에는 좋아하는 사람들을 자주 만나서 이야기하세요. 이렇게 하면 3) _____ (으)ㄹ 거예요. 그리고 저희 명상 프로그램에 참여해 보세요. 자연 속에서 명상을 하고 나면 4) _____ (으)ㄹ 거예요.

4. 다음에 대해 친구와 이야기해 보세요.

   무엇을 하면 마음에 여유가 생깁니까?

   저는 주말에 캠핑을 하고 나면 마음에 여유가 생깁니다.

   어떤 말을 들으면 기운이 납니까?

   우리 어머니는 항상 저에게 잘할 수 있다고 말씀해 주시는데 그 말을 들으면 기운이 납니다.

문법과 표현 3 동-느라(고)

1. 대화를 완성해 보세요.

    1) 가: 왜 전화를 못 받았어요?
       나: 회의하느라고 못 받았어요. (회의하다)

    2) 가: 요즘 왜 이렇게 바빠 보여요?
       나: _____. (결혼 준비하다)

    3) 가: 초인종 소리 못 들었어요?
       나: _____. (음악을 듣다)

    4) 가: 어제 왜 못 잤어요?
       나: _____. (발표 자료를 만들다)

    5) 가: 왜 숙제를 못 했어요?
       나: _____. (친구와 놀다)

2. 그림을 보고 대화를 완성해 보세요.

    1)
       가: 많이 피곤해 보이네요.
       나: 어제 늦게까지 공부하느라고 못 잤거든요.

    2)
       가: 어제 왜 모임에 안 왔어요?
       나: 늦게까지 회사에서 _____ 못 갔어요.

    3)
       가: 왜 그렇게 기운이 없어요?
       나: 주말에 _____ 못 쉬었더니 지치네요.

초인종 doorbell

4)
가: 왜 아직까지 점심을 못 먹었어요?
나: 회사 일로 _____ 시간이 없었어요.

5)
가: 파티가 곧 시작될 텐데 왜 아직도 안 와요?
나: 미안해요. _____ 좀 늦었어요. 금방 갈게요.

3. 알맞은 것을 고르세요.

1) (샤워하느라고 / 샤워해서) 아파트 안내 방송을 못 들었어요.

2) 룸메이트가 시끄럽게 (전화하느라고 / 전화해서) 잠을 못 잤어요.

3) 송년회 (준비하느라고 / 준비해서) 수고하셨습니다.

4) 늦게 (일어나느라고 / 일어나서) 수업에 늦었어요.

5) 다음 주에 중요한 발표가 있어서 자료를 (만드느라고 / 만들어서) 바빠요.

6) 요즘 일이 너무 (많느라고 / 많아서) 스트레스가 쌓여요.

4. 다음에 대해 친구와 이야기해 보세요.

최근에 하지 못해서 아쉬운 일이 있어요?

아르바이트를 하느라고 우리 과 엠티에 못 갔어요.

요즘 바쁘거나 힘든 일이 있어요?

다음 주에 출장을 가야 해서 출장 준비하느라 너무 바빠요.

송년회 year-end party

문법과 표현 ④ 동형-었어야 하다, 명이었어야 하다

1. 대화를 완성해 보세요.

1) 가: 왜 어제 동창회에 안 왔어요?
   나: <u>어제 동창회에 갔어야 했는데</u> 갑자기 일이 생겨서 못 갔어요.

2) 가: 아직 숙제 다 못 했어요?
   나: 네. 어제 _____ 갑자기 친구가 놀러 와서 못 끝냈어요.

3) 가: 어제 왜 전화를 안 받았어요?
   나: 미안해요. _____ 몸이 아파서 계속 잤어요.

4) 가: 동생 생일 선물은 샀어요?
   나: _____ 너무 바빠서 못 샀어요.

5) 가: 어제 병원에 안 갔어요? 감기가 더 심해진 것 같아요.
   나: _____ 일이 많아서 못 갔어요. 지금 병원에 가는 길이에요.

6) 가: 배우 마틴 씨가 이번 영화에 출연하지 못하게 됐다고 들었어요.
   나: 정말요? 남자 주인공이 _____ 아쉽네요.

2. 문장을 바꿔 보세요.

1) 늦게 일어나서 지각했다. ➡ 일찍 일어났어야 했는데…

2) 얇은 옷을 입고 외출해서 감기에 걸렸다. ➡

3) 파티를 했는데 음식이 부족했다. ➡

4) 내가 거짓말을 해서 친구가 화가 났다. ➡

5) 과속하다가 사고를 냈다. ➡

6) 어제 비가 와서 등산을 못 갔다. ➡

3. 문장을 완성해 보세요. 그리고 후회하거나 아쉬웠던 일에 대해 이야기해 보세요.

어렸을 때 부모님 말씀을 잘 듣지 않았어요.
1) 부모님 말씀을 잘 들었어야 했는데 후회가 돼요.

학교에 다닐 때 친구들과 노느라고 공부를 안 했어요.
2) _____.

지난주에 친구 생일을 잊어버려서 친구가 화를 냈어요.
3) _____.

어리면 어릴수록 외국어를 빨리 배울 수 있다고 해요.
4) _____.

어렸을 때	학교에 다닐 때	지난주	?
부모님 말씀을 잘 듣지 않았다.			

복습 5

말하기 Speaking

1. 다음 어휘를 설명해 보세요.

13단원

소개팅하다 ☐	중매결혼 ☐	능력이 있다 ☐	마음씨가 착하다 ☐
선보다 ☐	매력이 있다 ☐	말이 잘 통하다 ☐	성격이 잘 맞다 ☐
연애결혼 ☐	조건이 맞다 ☐	인상이 좋다 ☐	

첫눈에 반하다 ☐	고백하다 ☐	어깨에 기대다 ☐	사랑이 식다 ☐
얼굴이 빨개지다 ☐	손을 잡다 ☐	팔짱을 끼다 ☐	이별하다 ☐
가슴이 두근거리다 ☐	나란히 앉다 ☐	청혼하다 ☐	

14단원

공기가 좋다 ☐	따분하다 ☐	공해가 심하다 ☐	편의 시설이 잘되어 있다 ☐
평화롭다 ☐	시간 가는 줄 모르다 ☐	활기차다 ☐	볼거리가 다양하다 ☐
여유가 있다/없다 ☐			

사라지다 ☐	몰라보다 ☐	새롭다 ☐	상상이 되다 ☐
생기다 ☐	나타나다 ☐	낡다 ☐	상상이 안 되다 ☐
변하다 ☐	발전하다 ☐		

15단원

근육이 생기다 ☐	몸이 가볍다/무겁다 ☐	힘이 없다 ☐	어지럽다 ☐
체력이 좋아지다 ☐	땀이 나다 ☐	쥐가 나다 ☐	숨이 차다 ☐
힘이 세다 ☐			

스트레스가 쌓이다 ☐	기운이 나다 ☐	집중이 안 되다 ☐	어려움을 느끼다 ☐
스트레스가 풀리다 ☐	마음에 여유가 생기다 ☐	우울하다 ☐	상처를 받다 ☐
마음이 편안해지다 ☐		지치다 ☐	

2. 다음 그림을 보고 변화에 대해 이야기해 보세요.

3. 다음 질문에 대해 친구와 이야기해 보세요.

4. 다음 문법과 표현을 확인해 보세요.

13단원

동-으려면 멀었다	결혼하려면 아직 멀었어요.
동형-잖아(요), 명이잖아(요)	내일은 학교에 안 가요. 토요일이잖아요.
동형-으면 동형-을수록	한국어는 배우면 배울수록 재미있어요.
동-는 척하다, 형-은 척하다, 명인 척하다	가수 조빈 씨와 배우 예나 씨는 연인 사이인데 사귀지 않는 척하고 있대요.

14단원

동형-었던, 명이었던	작년에 여행 갔던 곳에 또 가고 싶어요.
동형-을걸(요), 명일걸(요)	시험 기간이라서 도서관에 사람이 많을걸요.
명만큼	요즘은 시골도 도시만큼 편의 시설이 잘되어 있어요.
동형-지 않으면 안 되다	건강을 위해서 매일 운동하지 않으면 안 됩니다.

15단원

동-었더니	공부를 열심히 했더니 성적이 올랐어요.
명이라도	운동할 시간이 없으면 자기 전에 스트레칭이라도 하는 게 어때요?
동-느라(고)	어제 드라마를 보느라고 못 잤어요.
동형-었어야 하다, 명이었어야 하다	우산이 없어서 비를 맞았어요. 우산을 가져왔어야 했는데….

5. 문법과 표현을 사용해서 친구와 이야기해 보세요.

    1) 지하철에서 음식을 먹어도 돼요?

    2) 언제 고향에 돌아갈 거예요?

    3) 주말에 푹 쉬었어?

    4) 손님, 죄송하지만 지금은 커피만 주문할 수 있습니다.

    5) 한국 생활이 어때요?

    6) 왜 학생 식당에 자주 가요?

    7) 소개팅에서 만난 사람이 마음에 들지 않으면 어떻게 하겠어요?

    8) 시험 잘 봤어요?

    9) 요즘 운동해요? 건강해진 것 같아요.

    10) 한국어를 잘하려면 어떻게 해야 합니까?

6. 친구와 이야기해 보세요.

- 연애결혼과 중매결혼의 장점과 단점은 무엇입니까?
- 어떤 사람이 매력 있다고 생각합니까?
- 사랑하는 사람과 함께 하고 싶은 일이 있습니까?

- 은퇴 후에 어디에서 살고 싶습니까?
- 과거와 비교해서 몰라보게 변한 것이 있습니까?
- 한국이 앞으로 어떻게 바뀔 것 같습니까?

- 고향 사람들이 건강을 위해 무엇을 합니까?
- 요즘 스트레스를 받는 일이 있습니까?
- 행복하게 살기 위해 어떤 노력을 하고 있습니까?

듣기 Listening

[1~2] 다음을 듣고 알맞은 것을 고르세요.

1. ①  ②  ③  ④

2. ① 대학생 스트레스 원인
   - 1위: 성적, 수업
   - 2위: 취업, 진학
   - 3위: 진학 문제
   - 4위: 경제적인 어려움

   ② 대학생 스트레스 원인
   - 1위: 성적, 수업
   - 2위: 경제적인 어려움
   - 3위: 진학 문제
   - 4위: 친구와의 관계

   ③ 신입생 스트레스 원인
   - 1위: 성적, 수업
   - 2위: 경제적인 어려움
   - 3위: 친구 문제
   - 4위: 가족과의 관계

   ④ 신입생 스트레스 원인
   - 1위: 경제적인 어려움
   - 2위: 진학 문제
   - 3위: 성적, 수업
   - 4위: 친구와의 관계

[3~6] 다음을 듣고 질문에 답하세요.

3. 대화를 듣고 이어질 수 있는 말로 가장 알맞은 것을 고르세요.

   ① 주말에 결혼식에 가야 하잖아요.
   ② 처음 만났던 곳에서 결혼식을 하려고요.
   ③ 결혼하려면 아직 멀었어요. 아직 졸업도 못 했잖아요.
   ④ 요즘 일하느라고 바빠서 결혼식 준비를 하나도 못 했어요.

4. 대화가 끝난 후 여자가 이어서 할 행동으로 가장 알맞은 것을 고르세요.

   ① 버스표를 예매한다.
   ② 예매할 수 있는 기차표를 찾아본다.
   ③ 주말에 여행 갈 만한 곳을 찾아본다.
   ④ 자신이 여행 갔던 곳의 정보를 알려 준다.

5. 들은 내용과 같은 것을 고르세요.

   ① 사랑을 지키기 위해서는 책을 많이 읽어야 한다.
   ② 오래 사귈수록 성격이 안 맞아서 자주 싸우게 된다.
   ③ 매력이 있어야 사랑하는 사람과 오랫동안 함께할 수 있다.
   ④ 더 이상 가슴이 두근거리지 않는다고 해서 사랑이 식은 것은 아니다.

6. 남자의 중심 생각으로 가장 알맞은 것을 고르세요.

   ① 시골에서 살려면 농사를 꼭 지어야 한다.
   ② 시골에서 살려면 미리 잘 알고 준비해야 한다.
   ③ 시골에서 할 일은 천천히 고민해 보는 것이 좋다.
   ④ 시골에 가기 전에 지원 센터에 가서 집을 알아봐야 한다.

[7~8] **다음을 듣고 질문에 답하세요.**

7. 남자에 대한 설명으로 맞는 것을 고르세요.

   ① 최근에 이별해서 힘들어하고 있다.
   ② 평소에도 운동을 자주 하는 편이다.
   ③ 요즘 친구들과 매일 전화로 연락하고 있다.
   ④ 최근에 감기에 걸려서 집에서만 시간을 보냈다.

8. 여자의 조언으로 맞는 것을 고르세요.

   ① 집에서 푹 쉬어야 한다.   ② 새로운 사람을 사귀어야 한다.
   ③ 맛있는 음식을 만들어 먹어야 한다.   ④ 밖에 나가서 활기차게 움직여야 한다.

[9~10] **다음을 듣고 질문에 답하세요.**

9. 남자에 대한 설명으로 맞는 것을 고르세요.

   ① 시골에서 태어나서 계속 살았다.   ② 활기찬 도시 생활이 마음에 든다.
   ③ 은퇴 후에 어렸을 때 살던 곳으로 돌아갈 생각이다.   ④ 어렸을 때 수영 대회에 나간 적이 있다.

10. 남자의 현재 고향 모습으로 알맞은 것을 고르세요.

    ①    ②    ③    ④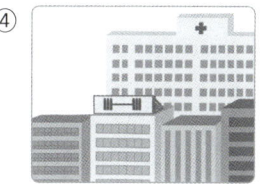

읽기 Reading

1. 다음을 읽고 무엇에 대한 글인지 고르세요.

> 두근거리는 마음으로
> 처음 고백했던 곳에서
> 평생을 약속하려고 합니다.
> 꼭 오셔서 축하해 주세요.
>
> • 일시: 4월 6일 오후 2시
> • 장소: 하나예식장 2층
> • 오시는 길: 지하철 3호선 하나대학교역 2번 출구
> • 주차는 하나대학교 주차장에 하실 수 있습니다.

① 학교 위치 안내　② 결혼식 초대　③ 고백 장소 소개　④ 축하 파티 안내

[2~3] 다음을 읽고 글의 내용과 같은 것을 고르세요.

2.

이번 여름에는
우리 할머니 댁으로 놀러 갈래?

어린 시절 방학 때 갔던 할머니 댁을 기억하시나요? 물고기도 잡고 산에도 오르며 시간 가는 줄 몰랐던 그때가 그리우신가요? 도시 생활에 지친 여러분들을 할머니 댁만큼 따뜻한 우리 마을로 초대합니다. 공기 좋은 우리 마을에서 아름다운 풍경을 보며 푹 쉬면 마음에 여유가 생길 겁니다. 그리고 다양한 농촌 체험 활동도 준비되어 있습니다. 딸기 농장 체험, 목장 체험, 승마 체험, 치즈 만들기 체험을 하며 즐거운 시간을 보내실 수 있습니다.

✓ 숙소 예약과 체험 활동 신청은 홈페이지(www.grmahouse.co.kr)에서 하실 수 있습니다.
✓ 체험 활동 시간과 준비물, 비용은 홈페이지를 확인해 주십시오.
✓ 눈이나 비가 많이 오면 체험 일정이 취소됩니다.

① 숙박 시설은 따로 없다.
② 눈이나 비가 와도 준비된 활동을 할 수 있다.
③ 시골에 사는 사람만 이 프로그램에 참여할 수 있다.
④ 홈페이지에서 체험 활동 정보를 확인하고 신청할 수 있다.

3.
컴퓨터나 휴대폰을 사용하는 사람들이 많아질수록 건강에 이상을 느끼는 사람들도 늘고 있다. 특히, 눈이 나빠지거나 목과 허리에 통증을 느끼는 사람들이 많다. 건강을 위한 가장 좋은 방법은 컴퓨터나 휴대폰을 오랫동안 사용하지 않는 것이다. 오랫동안 전자 기기를 사용하면 집중이 안 되고 몸에도 무리가 갈 수 있다. 그렇기 때문에 1시간 정도 사용한 후에는 반드시 쉬지 않으면 안 된다. 그리고 시간이 날 때마다 가벼운 운동을 해 주는 것이 좋다. 이때 목과 허리를 숙이거나 젖히는 동작을 반복하면 효과가 있다. 눈이 피곤할 때는 눈 주위를 손으로 살짝 눌러서 마사지라도 해 주면 도움이 될 것이다.

① 눈 주위를 마사지하는 것은 크게 도움이 되지 않는다.
② 컴퓨터나 휴대폰에 문제가 있어서 힘들어하는 사람들이 많다.
③ 전자 기기를 사용한 후에는 따로 휴식을 취하지 않아도 괜찮다.
④ 간단한 운동 동작을 반복하기만 해도 몸의 통증을 예방할 수 있다.

4. 다음을 순서대로 맞게 나열한 것을 고르세요.

(가) 이런 수업은 바쁘게 지내느라고 삶의 여유를 잃어버린 사람들에게 큰 도움이 되어 주고 있다.
(나) 우리가 사는 세상은 몰라보게 변하고 있다. 지금 이 시간에도 많은 것들이 빠르게 사라지고 새로 생긴다. 그래서 가까운 미래가 어떤 모습일지 상상이 안 될 때도 있다.
(다) 그런데 빠르게 변하는 세상 속에서 과거의 여유로운 생활을 그리워하는 사람들도 많다. 최근에는 이런 사람들을 위한 여러 가지 수업이 열리고 있다.
(라) 예를 들어 좋아하는 글을 직접 공책에 따라 쓰는 수업이나 필름 카메라로 사진을 찍는 법을 배우는 수업이 특히 인기가 있다고 한다.

① (나) - (다) - (가) - (라)
② (나) - (다) - (라) - (가)
③ (다) - (가) - (라) - (나)
④ (다) - (라) - (나) - (가)

전자 기기 electronic device   무리가 가다 to be straining   마사지 massage

5. 다음 글에서 보기 의 문장이 들어가기에 가장 알맞은 곳을 고르세요.

> 한국에서 결혼은 중요한 가족 행사 중 하나다. (㉠) 그래서 많은 손님들을 초대해서 크게 결혼식을 하는 경우가 많다. (㉡) 큰 예식장 대신에 작은 식당이나 카페를 빌려서 결혼식을 여는 사람들이 늘고 있다. (㉢) 그리고 손님들을 많이 부르지 않고 가족이나 아주 친한 친구만 초대하는 결혼식이 인기다. 요즘 이런 결혼식을 했더니 더 오랫동안 기억에 남아서 만족한다는 사람들이 많다. (㉣) 얼굴도 모르는 손님들의 축하를 받는 것보다는 정말 소중한 사람들의 축하를 받고 싶어 하는 사람들이 늘고 있기 때문인 것으로 보인다.

> 보기 하지만 최근에는 이런 문화가 조금씩 바뀌고 있다.

① ㉠   ② ㉡   ③ ㉢   ④ ㉣

[6~8] 다음을 읽고 질문에 답하세요.

> 겨울철이 되면 날씨가 추워져서 밖에 나가서 운동하는 것이 쉽지 않다. 하지만 이럴 때일수록 몸을 움직이지 않으면 안 된다. 계속 실내에만 있으면 몸도 무거워지고 기분도 우울해지기 때문이다. (   ) 겨울철에 운동을 할 때에는 주의해야 할 점이 많다.
>
> 우선 운동을 하기 전에 몸을 따뜻하게 해 줘야 한다. 추운 날씨에 갑자기 운동을 하면 쓰러질 수도 있기 때문이다. 평소에 얇은 옷을 여러 겹 입어서 몸을 따뜻하게 해 주고 운동을 하기 전에 따뜻한 차를 마시면 도움이 된다.
>
> 다음으로 준비 운동을 반드시 해야 한다. 날씨가 추울 때 준비 운동을 하지 않고 운동을 하면 다치기 쉽다. 스트레칭처럼 가벼운 준비 운동으로 긴장된 근육을 풀어 줘야 한다.
>
> 마지막으로 힘든 근육 운동을 하는 것보다는 가벼운 운동을 꾸준히 하는 것이 더 좋다. 빠르게 걷거나 가볍게 뛰는 것처럼 몸에 무리를 주지 않으면서 운동 효과를 볼 수 있는 유산소 운동을 추천한다. 밖에서 걷거나 뛰면 우울했던 기분도 상쾌해질 것이다.
>
> 겨울철을 건강하고 활기차게 보내는 데에는 운동만큼 좋은 것이 없다. 건강을 잃고 나서 운동을 했어야 했다고 후회하지 말고 지금 당장 산책이라도 해 보는 게 어떨까?

겹 layer   유산소 운동 cardio exercise

6. ( )에 들어갈 내용으로 알맞은 것을 고르세요.

   ① 그리고
   ② 그래서
   ③ 그런데
   ④ 게다가

7. 이 글의 내용과 같은 것을 고르세요.

   ① 겨울철에는 집에서 운동하는 것이 좋다.
   ② 겨울철에는 근육 운동을 꾸준히 해야 한다.
   ③ 겨울철에 무리한 운동을 하면 기분이 우울해진다.
   ④ 겨울철에는 운동하기 전에 따뜻한 음료를 마시는 것이 좋다.

8. 이 글의 중심 생각을 고르세요.

   ① 겨울철에는 근육 운동을 열심히 하는 것이 좋다.
   ② 운동을 할 때에는 언제나 준비 운동부터 시작해야 한다.
   ③ 날씨가 추워도 조심해서 운동을 하면 건강에 도움이 된다.
   ④ 겨울에는 따뜻한 실내에서 시간을 보내는 것이 건강에 좋다.

쓰기 Writing

1. 알맞은 것을 골라서 써 보세요.

> 연애결혼   중매결혼   가슴이 두근거리다   편의 시설이 잘되어 있다
> 발전하다   낡다   쥐가 나다   숨이 차다   어려움을 느끼다

1) 준비 운동을 안 하고 수영을 했더니 다리에 _____.

2) 우리 부모님께서는 _____을/를 하셨어요. 아버지가 선보러 나온 어머니를 보고 첫눈에 반하셨다고 해요.

3) 우리 동네는 _____ 아서/어서 백화점과 병원, 스포츠 센터를 언제든지 이용할 수 있어요.

4) 저는 긴장을 많이 하는 편이라서 많은 사람들 앞에서 발표하는 것에 _____.

5) 요즘 계단을 조금만 올라가도 _____. 체력이 나빠진 것 같아요.

6) 가방이 너무 _____ 아서/어서 가방끈이 떨어졌어요. 새로 사야겠어요.

2. 반대되는 말을 찾아서 연결하고 문장을 완성해 보세요.

1) 사라지다   •   • 가볍다
2) 무겁다   •   • 시간 가는 줄 모르다
3) 따분하다   •   • 생기다
4) 공기가 좋다 •   • 공해가 심하다

1) 내가 자주 가던 공원이 _____ 고 그 자리에 백화점이 새로 _____.

2) 몸이 계속 _____ 는/(으)ㄴ데 매일 운동을 했더니 _____.

3) 새로 시작한 드라마가 _____ (으)ㄹ 거라고 생각했는데 너무 재미있어서 _____ 고 봤어요.

4) 우리 고향은 예전에는 _____ 는/(으)ㄴ데 요즘은 공장이 많아져서 _____.

복습 5

3. 알맞은 표현을 골라서 대화를 완성해 보세요.

> -잖아(요)   -으면 -을수록   명만큼
> -지 않으면 안 되다   명이라도   -느라고   -었어야 하다

1) 가: 돈을 모으려면 어떻게 해야 해요?
   나: _____

2) 가: 은지 씨는 왜 인기가 많아요?
   나: _____

3) 가: 배가 고픈데 밥 먹으러 갈 시간이 없네요.
   나: _____

4) 가: 어제 집 청소했어요?
   나: _____

5) 가: 지하철역에서 가까우면 집값이 비싸지요?
   나: _____

6) 가: 왜 늦는다고 미리 이야기하지 않았어요?
   나: _____

7) 가: 시골에는 편의 시설이 별로 없지요?
   나: _____

4. 틀린 부분을 찾아서 맞게 고쳐 보세요.

1) 지난번에 소개팅에서 만나던 사람이 어때요?   ➡ _____

2) 공부를 열심히 하더니 엄마가 좋아하세요.   ➡ _____

3) 입학한 지 얼마 안 됐어요. 졸업하려면 아직 멀어요.   ➡ _____

5. 온라인 게시판에 고민 상담을 요청하는 글을 200~300자로 쓰세요.
   '-습니다/ㅂ니다'나 '-아요/어요'를 사용해서 쓰세요.

   ❶ 요즘 고민하고 있는 일이 있습니까?
   ❷ 그 고민을 해결하기 위해 어떤 노력을 하고 있습니까?
   ❸ 상담사에게 무엇을 물어보고 싶습니까?

발음 Pronunciation

🎧 잘 들어 보세요.

① **그랬군요**.
② 도로가 생기면 교통이 **편리해지겠네요**.
③ **앉아서** 일만 했더니 몸이 무거워졌어요.

🎧 잘 듣고 따라 해 보세요.

① 비가 **그쳤네요**.
② 저는 **신림동**에 살아요.
③ 이 옷은 소매가 좀 **짧은** 것 같아요.

🎧 잘 듣고 친구와 연습해 보세요.

① 가: 미안해. 어제 몸이 아파서 **연락**을 못 받았어.
　나: **그랬구나**. 지금은 좀 괜찮아졌어?

② 가: **한라산**에 가 본 적 있어요?
　나: 네. 정말 아름다웠어요.

③ 가: 이번 **설날**에 친구들과 해외여행을 하기로 했어요.
　나: 정말 **좋겠네요**. 조심해서 잘 다녀오세요.

④ 가: 왜 편의점에 자주 가요?
　나: **값이** 싸고 좋은 물건이 많거든요.

16

일과 직업 Work & Occupations

16-1 아르바이트
16-2 일하고 싶은 곳

16-1	어휘	구직 활동
	문법과 표현	동-는 모양이다, 형-은 모양이다, 명인 모양이다
		동형-어야 할 텐데, 명이어야 할 텐데
16-2	어휘	근무 조건
	문법과 표현	동-는다면, 형-다면, 명이라면
		누구든(지), 언제든(지), 어디든(지), 무엇이든(지)

어휘 Vocabulary

1. 알맞은 것을 골라서 채용 공고를 완성해 보세요.

   성별   업무   연령   근무 시간   시급

   카페 아르바이트 직원 모집

   1) __성별__ : 남녀 모두
   2) _____ : 평일 14:00~20:00
   3) _____ : 12,000원
   4) _____ : 음료 만들기
   5) _____ : 20~40세

   ※ 관심 있으신 분들은 메일(coffee@snc.kr)로 이력서와 자기소개서를 보내 주세요.

2. 위의 채용 공고를 보고 친구와 이야기해 보세요.

   다음 학기 등록금을 빨리 모아야 해서 요즘 일자리를 구하고 있어요.

   그래요? 지금 학교 앞 카페에서 아르바이트할 사람을 찾고 있어요.

   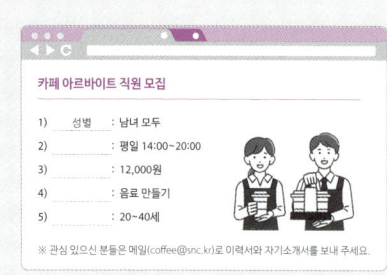

   - 근무 시간이 어떻게 돼요?
   - 시급은 얼마예요?
   - 무슨 일을 해요?
   - 누구나 지원할 수 있어요?

   저도 지원해 보고 싶네요.

   그럼 한번 지원해 보세요. 이메일로 자기소개서와 이력서를 보내면 된대요.

 자기소개서 cover letter

3. 알맞은 것을 골라서 대화를 완성해 보세요.

> 성실하다   꼼꼼하다   경험이 많다
> 업무 능력이 뛰어나다   이해가 빠르다   최선을 다하다

1) 가: 미나 씨가 오늘도 제일 일찍 왔네요.
   나: 네. 미나 씨는 한 번도 지각한 적이 없어요. 그리고 숙제나 발표 준비도 열심히 하는 <u>성실한</u> 학생이에요.

2) 가: 새로 온 아르바이트생이 정말 일을 잘하네요.
   나: 네. 잠깐 설명해 줬는데도 금방 배우더라고요. _____ 는/(으)ㄴ 것 같아요.

3) 가: 발표 준비 잘했어요?
   나: 네. _____ 아서/어서 준비했으니까 잘할 수 있을 것 같아요.

4) 가: 보고서에 틀린 내용은 없었어요?
   나: 네. 제가 어제 여러 번 _____ 게 확인했는데 아무 문제도 없었어요.

5) 가: 저는 졸업하자마자 취직하고 싶어요.
   나: 마크 씨는 동아리 활동도 열심히 하고 아르바이트도 많이 해 봤잖아요. _____ (으)니까 좋은 곳에 빨리 취직할 수 있을 거예요.

6) 가: 다니엘 씨가 이번에 팀장으로 승진했대요.
   나: 그럴 줄 알았어요. 다니엘 씨가 _____ 잖아요.

4. 함께 일하고 싶은 동료에 대해 이야기해 보세요.

> 저는 꼼꼼한 사람과 일하고 싶어요. 제가 평소에 실수를 많이 하는 편이라서요.

> 저는 성실한 사람과 일하고 싶어요. 일을 잘하는 것도 중요하지만 열심히 하는 게 더 중요하다고 생각하거든요.

보고서 report   팀장 team leader

문법과 표현 1 — 동-는 모양이다, 형-은 모양이다, 명인 모양이다

1. 대화를 완성해 보세요.

1) 가: 스티븐 씨한테 무슨 좋은 일이 생겼어요?
   나: 어제 통화하는 걸 들었는데 <u>가족들이 한국에 오는 모양이에요</u>. (가족들이 한국에 오다)

2) 가: 강아지가 하루 종일 저 장난감을 가지고 노네요.
   나: 네. 고민하다가 샀는데 다행히 _____. (장난감이 마음에 들다)

3) 가: 조카가 밥을 잘 안 먹네.
   나: 조금 전에 간식을 먹어서 _____. (배가 부르다)

4) 가: 김 대리가 승진했다고 들었어요.
   나: 동료들의 이야기를 들어 보니까 _____. (업무 능력이 뛰어나다)

5) 가: 이 회사는 경쟁률이 정말 높다고 들었어요.
   나: 근무 조건이 좋잖아요. 올해도 _____. (지원자가 많다)

6) 가: 지수 씨 옆에 웬 남자가 서 있네요.
   나: 두 사람이 팔짱을 끼고 있는 걸 보니 _____. (남자 친구다)

7) 가: 소미 씨가 하루 종일 잠만 자네요.
   나: 면접 준비를 하느라고 그동안 _____. (잠을 잘 못 잤다)

8) 가: 우리가 너무 늦은 걸까요?
   나: 사람들이 밖에 나와 있는 걸 보니 _____. (공연이 끝났다)

대리 assistant manager   경쟁률 competition rate

2. 그림을 보고 문장을 만들어 보세요.

1) 안나 씨가 물을 계속 마시는 걸 보니 음식이 매운 모양이다.

2) _____.

3) _____.

4) _____.

5) _____.

3. 알맞은 것을 골라서 대화를 완성해 보세요.

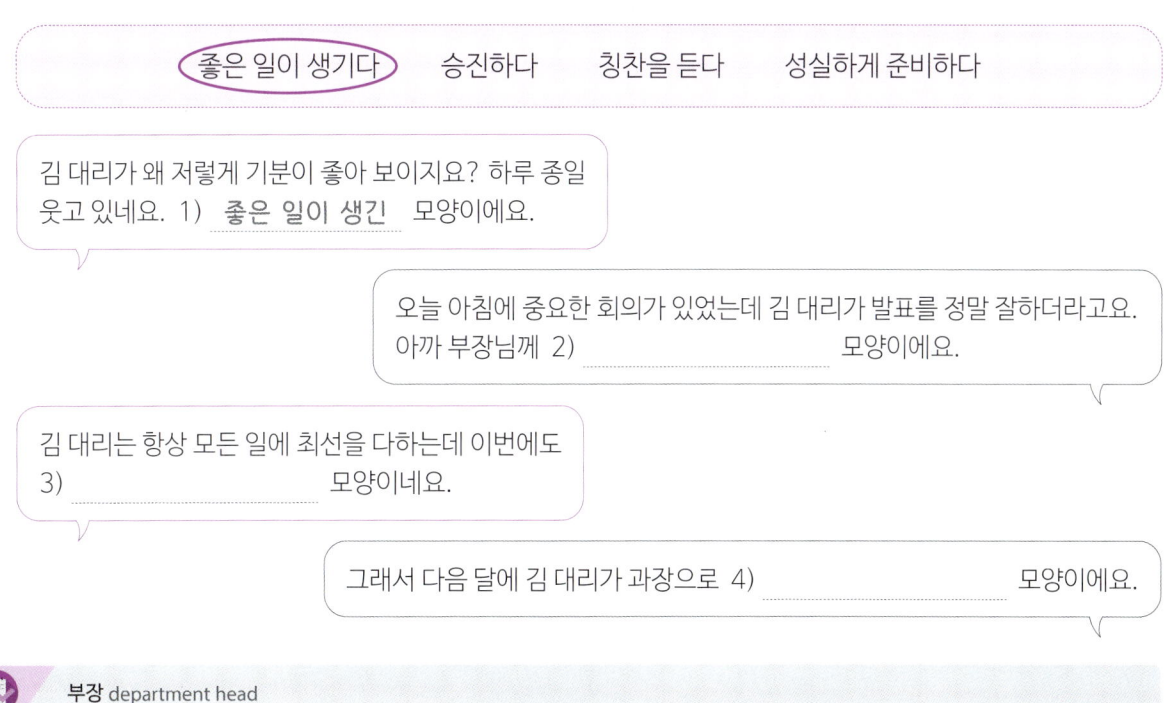

　좋은 일이 생기다　　승진하다　　칭찬을 듣다　　성실하게 준비하다

김 대리가 왜 저렇게 기분이 좋아 보이지요? 하루 종일 웃고 있네요. 1) 좋은 일이 생긴 모양이에요.

오늘 아침에 중요한 회의가 있었는데 김 대리가 발표를 정말 잘하더라고요. 아까 부장님께 2) _____ 모양이에요.

김 대리는 항상 모든 일에 최선을 다하는데 이번에도 3) _____ 모양이네요.

그래서 다음 달에 김 대리가 과장으로 4) _____ 모양이에요.

부장 department head

문법과 표현 2 동 형 -어야 할 텐데, 명이어야 할 텐데

1. 대화를 완성해 보세요.

    1) 가: 나디아 씨가 요즘 면접을 보러 다니느라 많이 힘든 모양이에요.
       나: 빨리 <u>좋은 일자리를 찾아야 할 텐데</u> 걱정이네요. (좋은 일자리를 찾다)

    2) 가: 아이가 밥은 안 먹고 간식만 먹으려고 해요.
       나: _____ 걱정이에요. (밥을 잘 먹다)

    3) 가: 김 과장님 어머니가 어제 교통사고로 병원에 입원하셨대요.
       나: _____ 큰일이네요. (빨리 나으시다)

    4) 가: 태희 씨 생일 선물을 준비했어요?
       나: 네. _____. (마음에 들어 하다)

    5) 가: 독감 예방 주사를 맞았어요?
       나: 오늘 맞으려고요. _____. (안 아프다)

    6) 가: 미카 씨가 이번 주말에 부산으로 여행을 간대요.
       나: _____. (날씨가 따뜻하다)

    7) 가: 제주도 워크숍 준비가 다 끝났습니다. 숙소도 준비가 되었고 직원들과 함께 탈 차도 빌렸습니다.
       나: 그래요? 같이 가는 직원이 20명쯤 되니까 _____. (큰 차다)

    8) 가: 시험이 어려울까 봐 걱정이야.
       나: 나도 정말 걱정돼. _____.

    9) 가: 새벽 5시까지 공항에 가야 한다고요?
       나: 네. _____.

2. 알맞은 것을 골라서 대화를 완성해 보세요.

> -을 텐데   -어야 할 텐데

1) 가: 늦으면 <u>부모님이 걱정하실 텐데요</u>. 미리 연락을 드리는 게 좋지 않을까요? (부모님이 걱정하시다)
   나: 네. 지금 바로 전화드려야겠어요.

2) 가: 우리 아이가 이번에 대학 입학시험을 봐요.
   나: 그래요? _____. (원하는 대학교에 합격하다)

3) 가: 요즘에 학생들이 휴대폰만 보고 있는 것 같아요.
   나: 학생들이 _____ 걱정이에요. (책을 많이 읽다)

4) 가: _____ 정말 걱정이에요. (시험이 어렵다)
   나: 걱정하지 마세요. 그동안 열심히 공부했잖아요.

5) 가: 이번 주말에 친구들하고 바다로 여행 가기로 했는데 비가 올까 봐 걱정이에요.
   나: 주말에 _____. (날씨가 좋다)

6) 가: 지금 영화관 안으로 들어갈 수 있나요?
   나: 이미 _____. (영화가 시작됐다)

7) 가: 전에 일하던 직원이 갑자기 그만둬서 카페 일을 도와줄 직원을 구해야 돼요.
   나: 그렇군요. 새로 올 직원은 _____. (성실한 사람이다)

3. 바라는 일에 대해 친구와 이야기해 보세요.

| 날씨 | 건강 | 입학 | 취직 | 연애 |

> 주말에 친구와 등산을 가기로 했어요. 날씨가 좋아야 할 텐데요.

> 할머니께서 많이 편찮으세요. 빨리 나으셔야 할 텐데 걱정이에요.

어휘 Vocabulary

1. 남자가 소개하는 사람이 누구인지 써 보세요.

> 동료   신입 사원   직장 상사

1) _____
이분은 저보다 5년 정도 회사에 빨리 들어오셨어요. 제가 처음 회사에 들어왔을 때 저를 많이 도와주셨어요. 일도 잘하시고 성격도 좋으셔서 회사에서 인기가 많으세요.

2) _____
이 사람은 저하고 같이 회사에 들어왔어요. 어려운 일이 있을 때는 서로 돕고 기쁜 일이 있을 때는 함께 기뻐하며 지내고 있어요. 이제는 친구 같아요.

3) _____
이 사람은 지난주부터 우리 회사에서 일하기 시작했어요. 아직 잘 모르지만 금방 일을 배우는 걸 보니 이해가 빠른 편인 것 같아요. 앞으로 회사 생활에 잘 적응할 수 있을 것 같아요.

2. 알맞은 것을 골라서 연결해 보세요. 그리고 일하고 싶은 회사에 대해 이야기해 보세요.

1) 우리 회사는 광고를 만듭니다.
   직원이 많지 않지만 가족 같은 분위기입니다.

   • • 대기업

2) 우리 회사는 전자 제품을 만듭니다.
   그리고 백화점과 호텔도 운영하고 있습니다.

   • • 중소기업

> 대기업에서는 다양한 업무를 경험할 수 있다고 들었어요. 그래서 저는 대기업에서 일하고 싶어요.

> 저는 중소기업에서 일하고 싶어요. 중소기업 중에 회사 분위기가 좋은 곳이 많다고 들었거든요.

 운영하다 to operate

3. 알맞은 것을 골라서 대화를 완성해 보세요.

> 휴가가 길다   연봉이 높다   승진 기회가 많다   복장이 자유롭다
> 교육 기회가 제공되다   근무 환경이 좋다   출퇴근 시간이 자유롭다   보너스를 받다

1) 가: 다음 주에 해외여행을 간다고 들었어요.
   나: 네. 이번에 ___휴가가 길어서___ 좀 멀리 여행 가기로 했어요.

2) 가: 9시인데 출근 안 해요?
   나: 우리 회사는 _____. 그래서 저는 아침에 운동하고 10시까지 출근해요.

3) 가: 신입 사원은 꼭 양복을 입어야 하나요?
   나: 아니요. 편하게 입고 오셔도 돼요. 우리 회사는 _____.

4) 가: 리나 씨가 취직한 지 얼마 안 됐는데 차를 샀네요.
   나: 리나 씨가 다니는 회사는 _____. 돈을 충분히 모았을 거예요.

5) 가: 무슨 좋은 일 있어요?
   나: 우리 팀이 올해 일을 잘해서 _____ 게 됐어요.

6) 가: 우리 회사에서 외국어를 배우고 싶어 하는 직원을 위해서 퇴근 후에 강의를 듣게 해 준대요.
   나: 정말 잘됐네요. 앞으로도 회사에서 다양한 _____ (으)면 좋겠네요.

7) 가: 회사에서 몇 년 동안 일해야 승진할 수 있나요?
   나: 우리 회사는 _____. 열심히 일하면 누구나 승진할 수 있어요.

8) 가: 하이 씨가 다니는 회사에 직원들을 위한 도서관이 있다고 들었는데 정말이에요?
   나: 네. 맞아요. 우리 회사는 _____ 는/(으)ㄴ 편이에요.

4. 중요하다고 생각하는 근무 조건에 대해 이야기해 보세요.

연봉   휴가   근무 환경   동료   ?

> 저는 연봉이 가장 중요하다고 생각해요.

> 저는 무엇보다 휴가가 길었으면 좋겠어요.

문법과 표현 3 — 동-는다면, 형-다면, 명이라면

1. 알맞은 것을 연결하고 문장을 완성해 보세요.

1) 내일 지구가 없어지다 • • 미래로 가 보고 싶어요
2) 마당이 있는 집에 살다 • • 환불해 드리겠습니다
3) 구입한 물건에 문제가 생기다 • • 큰 개를 키우고 싶어요
4) 타임머신이 있다 • • 가난한 아이들을 돕겠어요
5) 내가 부자다 • • 사랑하는 사람과 시간을 보내고 싶어요
6) 어제 간 식당이 맛이 없었다 • • 추천하지 않았을 거예요

1) 만약 내일 지구가 없어진다면 사랑하는 사람과 시간을 보내고 싶어요 .
2) _____ .
3) _____ .
4) _____ .
5) _____ .
6) _____ .

2. 대화를 완성해 보세요.

1) 가: 복권에 　당첨된다면　 뭘 하고 싶어요?
   나: 좋은 차를 살 거예요.

2) 가: 만약에 좋아하는 가수를 _____ 무슨 질문을 하겠어요?
   나: 자주 듣는 음악이 뭐냐고 물어볼 거예요.

3) 가: 만일 친구가 만들어 준 음식이 _____ 어떻게 할 거예요?
   나: 힘들게 요리해 준 친구를 생각해서 맛있는 척할 거예요.

지구 earth   타임머신 time machine   가난하다 to be poor

4) 가: 만일 내일이 _____ 뭘 할 거예요?

　　나: 친구를 만나서 같이 영화를 보러 갈 거예요. 보고 싶었던 영화가 있거든요.

5) 가: 만약 한국에 _____ 지금 뭘 하고 있을 것 같아요?

　　나: 아마 고향에서 회사에 다니고 있을 거예요.

6) 가: 어렸을 때부터 한국어를 _____ 지금쯤 한국어를 아주 잘했을 텐데요.

　　나: 지금도 늦지 않았으니까 열심히 공부하세요.

3. 친구들을 인터뷰해 보세요.

	친구:	친구:
1) 돈이 많다면 뭘 할 거예요?		
2) 투명 인간이 된다면 무엇을 하고 싶어요?		
3) 시간 여행을 떠난다면 언제로 가고 싶어요?		
4) 다시 태어난다면 어떤 사람이 되고 싶어요?		

돈이 많다면 뭘 할 거예요?

만약에 돈이 많다면 저는 세계 여행을 떠나고 싶어요.

투명 인간 invisible person

문법과 표현 ④ 누구든(지), 언제든(지), 어디든(지), 무엇이든(지)

1. 그림을 보고 대화를 완성해 보세요.

1) 가: 안녕하세요? 신입 사원 김우주라고 합니다.
   나: 만나서 반가워요. 일하면서 궁금한 것이 있으면 <u>무엇이든지</u> 물어보세요.

2) 가: 저도 말하기 대회에 참가할 수 있을까요?
   나: 네. 우리 학교 학생은 _____ 참가할 수 있대요.

3) 가: 내일 몇 시에 테니스를 칠까요?
   나: 저는 화요일은 _____ 다 괜찮아요. 다른 일정이 없거든요.

4) 가: 이번 휴가 때 어디로 여행을 떠나고 싶어?
   나: 조용한 곳이라면 _____ 다 좋아.

2. 알맞은 것을 골라서 대화를 완성해 보세요.

> 무슨/어떤/어느 **명**이든(지)

1) 가: 나나 씨 집들이에 갈 때 무슨 과일을 사 갈까요?
   나: 나나 씨는 과일을 잘 먹으니까 <u>무슨 과일이든지 다 좋아할 거예요</u>.

2) 가: 주말에 영화 볼까요?
   나: 좋아요. 저는 무서운 영화가 아니라면 _____.

3) 가: 엥흐 씨, 한국 음식을 잘 먹어요?
   나: 네. 저는 한국 음식은 _____.

4) 가: 이번 방학에 가 보고 싶은 나라가 있어요?
   나: 저는 여행을 좋아해서 _____.

3. 알맞은 것을 골라서 문자 메시지를 완성해 보세요.

누구한테든(지)   누구하고든(지)   어디(에)서든(지)   어디(에)든(지)

김현수: 안녕하세요. 신입 사원 김현수입니다. 앞으로 잘 부탁드립니다. 무슨 일이든지 최선을 다하겠습니다.

이예림: 현수 씨, 우리 회사에서 일하게 된 것을 축하해요. 그동안 인턴으로 일하느라고 정말 수고가 많았어요. 현수 씨는 항상 열심히 일하고 1) _____ 잘 지내서 보기 좋았어요.

박은정: 현수 씨는 꼭 우리 회사가 아니어도 2) _____ 잘할 거라고 생각했어요. 그런데 같이 일하게 돼서 정말 기뻐요.

조진수: 앞으로 회사 생활을 하면서 힘든 일이나 궁금한 것이 있으면 망설이지 말고 3) _____ 이야기하세요. 현수 씨를 도와줄 동료들이 4) _____ 있을 거예요.

4. 친구들을 인터뷰해 보세요.

	친구:	친구:
1) 언제든지 가도 좋은 곳		
2) 무엇이든지 다 파는 곳		
3) 누구든지 쉽게 할 수 있는 운동		
4) 어디에서든지 편하게 먹을 수 있는 음식		

- 언제든지 가도 좋은 곳을 알아요?
- 한강공원이요. 어느 계절이든지 산책하기 좋아요.

인턴 intern

17

특별한 날 Special Days

- **17-1** 기념일
- **17-2** 소중한 기억

17-1	어휘	기념일
	문법과 표현	동-으려던 참이다
		얼마나 동-는지 모르다, 얼마나 형-은지 모르다
17-2	어휘	잊지 못할 기억
	문법과 표현	동형-다니(요), 명이라니(요)
		동-는 대신(에), 형-은 대신(에)

어휘 Vocabulary

1. 알맞은 것을 골라서 문장을 완성해 보세요.

> 스승의 날   공휴일   기념일   어린이날   어버이날
> 한글날   광복절   현충일   개천절   식목일

1) <u>스승의 날</u> 은 선생님께 감사하는 마음을 표현하는 날이에요.

2) 내일이 _____ 이라서 부모님께 드릴 직접 쓴 편지와 카네이션을 준비했어요.

3) _____ 에는 나라를 위해 싸우다가 돌아가신 분들을 생각하며 1분 동안 묵념을 한다.

4) _____ 에는 한국어 말하기 대회나 외국인 글쓰기 대회가 열린다.

5) 5월 5일은 _____ 인데 이날은 아이들을 위해 만들어진 날이에요.

6) 내일은 크리스마스라서 학교에 안 가요. _____ 이거든요.

7) 오늘이 결혼 _____ 이라서 남편과 분위기 좋은 식당에서 식사하기로 했어요.

8) _____ 은 한국의 독립 기념일이다.

9) 어제는 _____ 이었어요. 그래서 부모님과 나무를 심었어요.

10) _____ 은 단군이 나라를 처음 세운 것을 기념하는 날이다.

묵념을 하다 to have a moment of silence   독립 기념일 National Liberation Day   단군 founder of Gojoseon

2. 알맞은 것을 골라서 대화를 완성해 보세요.

> 국기를 달다   꽃을 달아 드리다   나무를 심다   기념행사를 하다

1) 가: 밖에서 시끄러운 소리가 들리네요.
   나: 개천절이라서 _____는 모양이에요.

2) 가: 지난주에 초등학교 때 가르쳐 주셨던 선생님을 만나고 왔다고 들었어요.
   나: 네. 스승의 날이라서 직접 찾아뵙고 _____.

3) 가: 광복절에는 무엇을 해요?
   나: 집집마다 _____. 그리고 다양한 공연과 행사가 열려요.

4) 가: 예전에 큰불이 나서 숲이 사라졌다고 들었는데 다시 나무가 많아졌네요.
   나: 네. 시민들이 열심히 _____다고 해요.

3. 한국의 기념일과 비슷한 고향의 기념일에 대해 친구와 이야기해 보세요.

다니엘 씨 고향에도 한국의 기념일과 비슷한 날이 있어요?

네. 우리 나라에는 독립 기념일이 있어요. 한국의 광복절과 비슷한 날이에요.

그날 무엇을 해요?

집집마다 국기를 달고 기념행사도 해요.

집집마다 every house

문법과 표현 1 동-으려던 참이다

1. 대화를 완성해 보세요.

1) 가: 현충일은 어떤 날이에요?
   나: 저도 궁금해서 인터넷으로 <u>찾아보려던 참이에요</u>. (찾아보다)

2) 가: 요즘 이 로봇 장난감이 아이들한테 인기가 많대.
   나: 그래? 안 그래도 어린이날이라서 _____. (조카 선물을 사다)
   알려 줘서 고마워.

3) 가: 방이 엉망인데 정리를 좀 하지 그러니?
   나: 안 그래도 _____. (청소하다)

4) 가: 엄마, 지금 비가 오는데 우산이 없어요. 버스 정류장으로 데리러 와 주실 수 있어요?
   나: 그렇지 않아도 지금 우산을 들고 _____. (나가다)

5) 가: 내일 한글날 행사에 올 수 있어요?
   나: 네. 안 그래도 행사가 몇 시에 시작하는지 _____. (물어보다)

6) 가: 마이클 씨가 고향에 돌아가기 전에 같이 식사라도 하면 좋을 텐데.
   나: 다른 친구들도 그러자고 해서 _____. (모임 날짜를 잡다)

7) 가: 지희 씨가 행사를 준비하느라 힘들어 보이는데 괜찮을까요?
   나: 안 그래도 제가 가서 _____. (돕다)

8) 가: 내일이 리사 씨 생일인데 케이크는 준비했어?
   나: 그렇지 않아도 지금 _____. (케이크를 만들다)

2. 알맞은 것을 연결하고 문장을 만들어 보세요.

1) 저녁 식사를 준비하다 • • 친구가 영화표를 주다
2) 영화를 보러 가다 • • 동생이 피자를 사 오다
3) 친구에게 연락하다 • • 친구한테 문자 메시지가 오다
4) 출출해서 간식을 먹다 • • 엄마가 쿠키를 구워 주다

1) 저녁 식사를 준비하려던 참이었는데 동생이 피자를 사 왔어요 .
2) _____ .
3) _____ .
4) _____ .

3. 빈 종이에 하고 싶은 일을 쓰고 친구와 이야기해 보세요.

문법과 표현 2 — 얼마나 동-는지 모르다, 얼마나 형-은지 모르다

1. 문장을 만들어 보세요.

1) 공부를 열심히 하다
   → 학생들이 <u>공부를 얼마나 열심히 하는지 몰라요</u>. 도서관에 빈자리가 하나도 없어요.

2) 곰 인형을 아주 좋아하다
   → 동생이 _____. 잠을 잘 때도 안고 자요.

3) 사탕을 너무 많이 먹다
   → 아이가 _____. 이가 썩을까 봐 걱정이에요.

4) 말하기 대회에서 상을 받아서 기쁘다
   → _____. 제가 정말 열심히 연습했거든요.

5) 공사 때문에 밖이 시끄럽다
   → _____. 공부를 할 수가 없어요.

6) 닭갈비에 들어가는 양념이 맵다
   → _____. 이 닭갈비를 먹다가 우는 사람도 봤어요.

7) 지난주에 독감에 걸려서 아팠다
   → _____. 열이 나서 이틀 동안 학교에도 못 갔어요.

2. 대화를 완성해 보세요.

1) 가: 기차가 정말 빠르네요.
   나: 그렇죠? <u>이 기차가 얼마나 빠른지 몰라요</u>. 부산까지 3시간도 안 걸려요.

2) 가: 고향에 눈이 많이 와요?
   나: 네. _____. 보통 눈이 허리 높이까지 쌓여요.

빈자리 vacancy   이가 썩다 tooth (teeth) is rotting   높이 height

3) 가: 친구들과 전화 통화를 자주 해요?
   나: 네. _____. 거의 매일 서로 연락해요.

4) 가: 그 드라마가 그렇게 재미있어요?
   나: 네. _____. 저는 벌써 세 번이나 봤어요.

5) 가: 지금 그 식당에 사람이 많아요?
   나: 네. _____. 앉을 자리도 없어요.

6) 가: 그 영화가 많이 무서웠어요?
   나: 네. _____. 영화를 보다가 중간에 나간 사람도 있었어요.

7) 가: 파티는 즐거웠어요?
   나: 네. _____. 친구들이 많이 왔거든요.

3. 추천하고 싶은 것에 대해 친구와 이야기해 보세요.

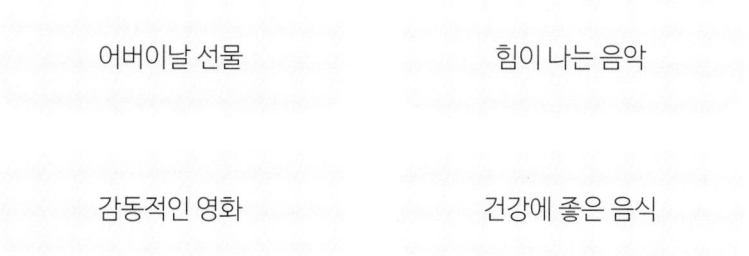

어버이날 선물   힘이 나는 음악

감동적인 영화   건강에 좋은 음식

어버이날 부모님께 무슨 선물을 해 드리면 좋을까요?

저는 부모님께 드릴 선물로 홍삼을 추천하고 싶어요. 홍삼이 얼마나 몸에 좋은지 몰라요. 그리고 어른들이 홍삼을 얼마나 좋아하시는지 몰라요.

어휘 Vocabulary

1. 알맞은 것을 골라서 대화를 완성해 보세요.

> (응원하다)　기념하다　바라다　격려하다　위로하다
> 좋은 추억으로 남다　소감을 말하다　수상을 축하하다　마음을 표현하다

1) 가: 내일 축구 경기 보러 갈 거지요?
   나: 네. 우리 학교 축구팀이 이길 수 있도록 열심히 __응원할 거예요__.

2) 가: 시상식이 아직 안 끝났어요?
   나: 네. 대상 수상자가 무대에서 _____고 있어요. 곧 끝날 것 같아요.

3) 가: 자전거 여행을 했다고 들었어요.
   나: 네. 여행할 때는 정말 힘들었지만 지나고 보니 _____.

4) 가: 부모님께 사랑한다고 자주 말해요?
   나: 아니요. 직접 말하는 건 어려워서 어버이날 편지로 제 _____.

5) 가: 10월 9일에 우리 학교에서 외국인 글짓기 대회가 열린대요.
   나: 아, 한글날을 _____기 위해서 글짓기 대회가 열리는군요.

6) 가: 앞으로 작가가 되는 게 꿈이라고 했지요? 민호 씨는 글솜씨가 뛰어나니까 훌륭한 작가가 될 거예요.
   나: _____아/어 주셔서 정말 감사합니다. 최선을 다해 보겠습니다.

7) 가: 이번 말하기 대회 대상은 지나 씨입니다.
   　　지나 씨, _____. 무대 위로 올라와 주세요.
   나: 감사합니다. 제가 상을 받을 줄 몰랐는데 이렇게 큰 상을 받게 돼서 무척 기쁩니다.

시상식 awards ceremony

8) 가: 벌써 밤 12시가 넘었어. 왜 아직도 안 들어와?
   나: 친구 강아지가 아파서 지금 병원에 같이 있어. 친구가 너무 슬퍼해서 내가 옆에서 _____ 아/어 주고 있어.

9) 가: 내년에 대학교에 입학할 거라고 들었어요. 전공은 정했어요?
   나: 아직 못 정했어요. 저는 컴퓨터 공학을 전공하고 싶은데 부모님은 제가 의사가 되기를 _____ 고 계세요.

2. 나나 씨가 송별회에서 소감을 이야기합니다. 알맞은 것을 골라서 소감을 완성해 보세요.

격려하다   바라다   위로하다   응원하다

먼저 제 송별회를 준비해 주셔서 고맙습니다. 그리고 한국 생활이 힘들 때마다 잘할 수 있다고 1) **격려해 주고** 속상해하는 저를 곁에서 2) _____ 아/어 주신 분들께도 진심으로 감사드립니다. 고향에 돌아가서도 한국에서 경험한 일들을 잊지 못할 것입니다. 여러분, 한국어 공부가 힘들어도 끝까지 포기하지 마시기 3) _____. 저는 이제 고향에서 여러분을 4) _____ 겠습니다.

3. 송별회에서 한국 생활에 대한 소감을 이야기해 보세요.

한국에 온 지 얼마 안 된 것 같은데 벌써….

컴퓨터 공학 computer engineering

문법과 표현 3 동형-다니(요), 명이라니(요)

1. 대화를 완성해 보세요.

    1) 가: 한국에서는 사귄 지 백 일이 된 날을 기념한대요.
       나: <u>사귄 지 백 일이 된 날을 기념하다니요</u>. 정말 재미있네요.

    2) 가: 저 다음 달에 결혼해요.
       나: _____. 정말 축하해요.

    3) 가: 한국에서 우리 고향까지 비행기로 18시간이나 걸려요.
       나: _____. 비행시간이 길어서 정말 피곤하겠어요.

    4) 가: 우리 뭘 좀 먹을까요? 배가 고프네요.
       나: _____. 점심을 먹은 지 1시간밖에 안 지났잖아요.

    5) 가: 고양이와 대화할 수 있는 사람이 있대요.
       나: _____. 말도 안 돼요.

    6) 가: 이 주사는 하나도 아프지 않습니다.
       나: _____. 믿을 수가 없어요.

    7) 가: 내 동생은 중학생이야.
       나: _____. 키가 커서 당연히 대학생인 줄 알았어.

    8) 가: 소민 씨가 면접시험에서 떨어졌대.
       나: _____. 열심히 준비했는데 속상하겠다.

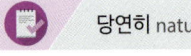
당연히 naturally

2. 대화를 완성해 보세요.

1) 가: 로제 씨가 어제 모임에 안 나왔어요. 약속을 잊어버렸대요.
   나: <u>약속을 잊어버리다니</u> 어떻게 그럴 수가 있지요?

2) 가: 이 로봇은 고장이 나면 고장 난 곳을 스스로 고친대요.
   나: _____ 정말 대단하네요.

3) 가: 학교 앞에 있던 옷 가게가 전부 사라졌대요.
   나: _____ 믿을 수가 없어요.

4) 가: 저희 어머니께서는 유명한 배우세요.
   나: _____ 정말 멋지네요.

5) 가: 내일부터 기온이 영하로 떨어질 거래요.
   나: _____ 말도 안 돼요. 오늘 날씨가 이렇게 따뜻한데요.

3. 다음 기사를 보고 친구와 이야기해 보세요.

80세 할머니가 대학에 합격했대요.

80세 할머니가 대학에 합격하다니 굉장하네요.

문법과 표현 4 　동-는 대신(에), 형-은 대신(에)

1. 대화를 완성해 보세요.

    1) 가: 선생님께 어떤 선물을 드려야 할지 모르겠어요.
       나: 그럼 <u>선물을 사 드리는 대신 편지를 써 드리세요</u>. (선물을 사 드리다, 편지를 써 드리다)

    2) 가: 제가 하루에 커피를 다섯 잔이나 마시는데요. 건강에 문제가 없을까요?
       나: 건강이 걱정된다면 _____. (커피를 마시다, 차를 마시다)

    3) 가: 날씨가 추워져서 밖에서 달리는 게 힘드네요.
       나: 맞아요. 그래서 저는 _____. (밖에서 운동하다, 집 안에서 운동하다)

    4) 가: 테니스를 배우고 싶은데 너무 어려울 것 같아요.
       나: 그럼 _____. (테니스를 치다, 배드민턴을 치다)

2. 그림을 보고 대화를 완성해 보세요.

    1)
       가: 친구와 만나서 이야기하고 싶은데 요즘 바빠서 만날 수가 없어요.
       나: 그럼 <u>직접 만나서 이야기하는 대신에 친구와 전화로 이야기해 보세요</u>.

    2)
       가: 스포츠 센터에 다니고 싶은데 다닐 시간이 없어요.
       나: 그럼 _____.

    3)
       가: 오늘은 좀 피곤해서 요리하기가 귀찮네.
       나: 그럼 _____.

    4)
       가: 저는 우유를 마시면 배가 아파요.
       나: 그럼 _____.

3. 대화를 완성해 보세요.

1) 가: 어제도 늦게까지 일했어요? 정말 피곤하겠어요.
   나: 괜찮아요. <u>야근을 하는 대신에 월급을 많이 받아요</u>. (야근을 하다, 월급을 많이 받다)

2) 가: 이 식당 음식이 어때?
   나: 맛있어. 그런데 _____. (맛있다, 항상 사람이 많다)

3) 가: 이 가게는 물건값이 비싼데도 손님이 많네요.
   나: 네. _____. (가격이 비싸다, 품질이 좋다)

4) 가: 새로 이사한 집이 예전에 살던 집보다 좀 좁은 것 같은데.
   나: 응. 근데 _____. (이 집은 넓지 않다, 지하철역에서 가깝다)

5) 가: 요즘 정말 바빠 보이는데 일이 힘들지 않아요?
   나: 괜찮아요. _____. (일이 힘들다, 배우는 게 많다)

6) 가: 오늘은 제가 저녁을 만들어 드릴게요.
   나: 정말요? 그럼 켈리 씨가 _____. (요리하다, 설거지를 하다)

4. 다음에 대해 친구와 이야기해 보세요.

식당   집   학교   아르바이트   휴대폰   ?

제가 가는 식당은 가격이 비싼 대신에 식당 안이 깔끔하고 음식도 맛있어요.

지금 사는 집은 교통이 좀 불편한 대신에 월세가 저렴해서 마음에 들어요.

두유 soy milk

18

연극 Play

18-1 흥부와 놀부

18-1	어휘	흥부와 놀부
	문법과 표현	동-는다니까(요), 형-다니까(요), 명이라니까(요)
		동-고 말다

어휘 Vocabulary

1. 알맞은 것을 골라서 뉴스를 완성해 보세요.

> 연극   무대   대본   대사   관객

최근 연말이 가까워지면서 다양한 공연이 열리고 있는데요. 그중에서도 1) **연극** '우리들의 시간'이 큰 인기를 끌고 있습니다. 연극을 본 2) _____들은 배우들의 연기도 좋았지만 주인공의 3) _____이/가 너무 아름다웠다고 이야기했습니다. 실제로 이 연극의 4) _____을/를 쓴 사람은 유명한 소설가 박남준 씨라고 합니다. 입소문이 퍼지면서 5) _____에서 가까운 자리는 거의 다 매진이 됐다고 합니다. 연극을 보려면 서두르셔야겠습니다.

2. 알맞은 것을 골라서 대화를 완성해 보세요.

> 제비   박   톱   보물   도깨비

1) 가: 저기 왜 저렇게 사람들이 모여 있어요?
   나: 오래된 배에서 _____이/가 발견되었대요.

2) 가: 이 책상을 직접 만드셨다고요?
   나: 네. 생각보다 쉬워요. 나무를 원하는 크기만큼 _____(으)로 잘라서 붙이면 돼요.

3) 가: 어디서 새 소리가 들리는데요.
   나: _____이/가 우는 소리예요. 봄만 되면 우리 집에 찾아와서 집을 지어요.

4) 가: 저기 지붕에 달려 있는 동그란 열매는 뭐예요?
   나: _____(이)라고 해요. 나중에 잘 말려서 그릇으로 사용할 수도 있어요.

5) 가: 아이가 왜 울고 있어요?
   나: 옛날이야기를 해 주면서 _____ 그림을 보여 줬더니 무섭다고 우네요.

입소문이 퍼지다 word-of-mouth spreads   열매 fruit

3. 알맞은 것을 연결하고 문장을 완성해 보세요.

1) 욕심이 • • 묶다
2) 보물이 • • 부러뜨리다
3) 헝겊으로 • • 쏟아지다
4) 박이 • • 하다
5) 톱질을 • • 열리다
6) 다리를 • • 내쫓다
7) 동생을 • • 많다

1) 나는 신발 __욕심이 많은__ 편이다. 구두와 운동화가 많은데도 새로운 신발을 보면 또 사고 싶어진다.

2) 어젯밤에 하늘에서 _____ 는/(으)ㄴ 꿈을 꿨다.
   꿈속에서 나는 그것을 팔아서 큰 부자가 되었다.

3) 등산을 갔다가 넘어져서 발목이 부러졌다.
   그래서 급하게 발목을 _____ 고 산을 내려왔다.

4) 얼마 전에 시골집에 갔다가 지붕에 _____ 는/(으)ㄴ 것을 봤다.
   옛날이야기에서 들어 본 적은 있지만 실제로 보는 것은 처음이라서 신기했다.

5) 강아지에게 새로운 집을 지어 주려고 나무를 주문했다.
   그런데 생각보다 나무가 단단해서 한참 동안 _____ 아야/어야 했다.

6) 친구와 장난을 치다가 어머니가 아끼시는 의자 _____.
   어머니께 야단맞을까 봐 걱정이다.

7) 놀부는 부모님이 돌아가신 후 집에서 _____.
   동생 흥부는 할 수 없이 추운 겨울날 아내와 아이들을 데리고 집을 나왔다.

단단하다 to be firm

문법과 표현 1 동-는다니까(요), 형-다니까(요), 명이라니까(요)

1. 대화를 완성해 보세요.

    1) 가: 네? 내일 고향에 돌아간다고요? 농담하지 마세요.
       나: 진짜예요. 주말에 입학시험을 봐야 해서 <u>고향에 돌아간다니까요</u>.

    2) 가: 다음 월드컵이 한국에서 열린다고요? 말도 안 돼요.
       나: 정말 _____.

    3) 가: 라면에 토마토를 넣으면 맛있다고요? 맛이 이상할 것 같은데요.
       나: 정말이에요. _____.

    4) 가: 복권에 당첨됐다고요? 거짓말하지 마세요.
       나: 진짜 _____.

    5) 가: 흐엉 씨가 오늘 시험을 안 봤다고? 그럴 리가 없는데….
       나: 정말이야. _____.

2. 대본을 완성해 보세요.

    ### 소년 탐정 폴

    폴: (무서운 표정으로) 어젯밤에 그 카페에 갔었지?

    미나: 1) <u>안 갔다니까요</u>.

    폴: (미나를 무서운 눈으로 바라보며) 그럼 어제저녁에 뭘 했어?

    미나: 계속 집에 혼자 2) _____.

    폴: 누구랑 같이 있었는지 말해. 하루 종일 게임만 했다는 게 말이 돼?

    미나: (가슴을 치며) 정말이에요. 저 혼자 집에서 3) _____.

    폴: 카페에서 널 봤다는 사람이 있는데도 계속 거짓말만 할 거야?

    미나: 그럴 리가 없어요. 제가 4) _____.

    월드컵 World Cup

3. 대화를 완성해 보세요.

1) 가: 빨리 밥 먹어.
   나: 이따가 먹을게요.
   가: 벌써 8시야. 빨리 와서 밥 　먹으라니까　.

2) 가: 얼른 출발하자.
   나: 잠깐만 기다려 줘. 휴대폰이 없어졌어.
   가: 빨리 _____. 이러다가 약속 시간에 늦겠어.

3) 가: 얼른 일어나. 수업에 늦겠다.
   나: 10분만 더 잘게요.
   가: 얼른 _____. 어제도 지각했잖아.

4) 가: 내가 청소할 테니까 너는 설거지 좀 해 줘.
   나: 이따가 할게.
   가: _____. 금방 손님이 올 거야.

4. 다음에 대해 친구와 이야기해 보세요.

코끼리는 하루에
18~20시간 동안 먹는다.

코알라는 하루에
20시간 동안 잔다.

말하는 강아지가 있다.

개구리는 2m나 뛸 수 있다.

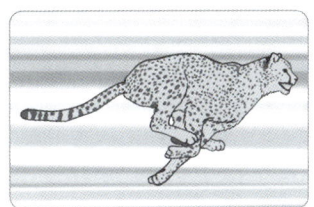
치타는 100m를 6초에 달린다.

> 코끼리는 하루에 18~20시간 동안 먹는대요.

> 말도 안 돼요.

> 정말이에요. 코끼리는 체중을 유지하기 위해서 하루 종일 먹는다니까요.

 체중을 유지하다 to maintain one's weight

문법과 표현 ❷ 동-고 말다

1. 알맞은 것을 연결하고 문장을 완성해 보세요.

1)	열심히 공부하다 •	•	헤어지다
2)	예방 주사를 맞다 •	•	다시 싸우다
3)	두 사람이 서로 사랑하다 •	•	시험에 떨어지다
4)	친구와 화해하다 •	•	독감에 걸리다
5)	서둘러서 가다 •	•	다 잊어버리다
6)	스페인어를 배우다 •	•	기차를 놓치다

1) 열심히 공부했지만 시험에 떨어지고 말았다.

2) _____.

3) _____.

4) _____.

5) _____.

6) _____.

2. 대화를 완성해 보세요.

1) 가: 신혼여행은 잘 다녀왔어요?
   나: 가자마자 여권을 잃어버려서 여행을 __망치고 말았어요__.

2) 가: 어제 왜 모임에 안 나왔어요?
   나: 정말 미안해요. 하도 바빠서 약속을 _____.

3) 가: 왜 울고 있어요?
   나: 키우던 새가 병이 나서 _____.

4) 가: 어쩌다가 다리를 다쳤어요?
　　나: 자전거를 타다가 미끄러져서 _____.

5) 가: 면접시험 결과가 나왔어요?
　　나: 네. 열심히 준비했지만 _____.

3. 그림을 보고 문장을 만들어 보세요.

1)
열심히 공부해서 시험에 꼭 합격하고 말겠어요.

2)
_____.

3)
_____.

4)
_____.

복습 6

말하기 Speaking

1. 다음 어휘를 설명해 보세요.

16단원

일자리를 구하다 ☐	시급 ☐	경험이 많다 ☐	이해가 빠르다 ☐
이력서를 내다 ☐	연령 ☐	업무 능력이 뛰어나다 ☐	최선을 다하다 ☐
업무 ☐	성실하다 ☐		
근무 시간 ☐	꼼꼼하다 ☐		

대기업 ☐	복장이 자유롭다 ☐	출퇴근 시간이 자유롭다 ☐	신입 사원 ☐
중소기업 ☐	교육 기회가 제공되다 ☐	휴가가 길다 ☐	동료 ☐
연봉이 높다 ☐			직장 상사 ☐
승진 기회가 많다 ☐	근무 환경이 좋다 ☐	보너스를 받다 ☐	

17단원

공휴일 ☐	어버이날 ☐	개천절 ☐	꽃을 달아 드리다 ☐
기념일 ☐	스승의날 ☐	한글날 ☐	나무를 심다 ☐
식목일 ☐	현충일 ☐	국기를 달다 ☐	행사를 하다 ☐
어린이날 ☐	광복절 ☐		

좋은 추억으로 남다 ☐	마음을 표현하다 ☐	바라다 ☐	격려하다 ☐
소감을 말하다 ☐	기념하다 ☐	응원하다 ☐	위로하다 ☐
수상을 축하하다 ☐			

18단원

무대 ☐	제비 ☐	도깨비 ☐	헝겊으로 묶다 ☐
대본 ☐	박 ☐	욕심이 많다 ☐	박이 열리다 ☐
대사 ☐	톱 ☐	동생을 내쫓다 ☐	톱질을 하다 ☐
관객 ☐	보물 ☐	다리를 부러뜨리다 ☐	보물이 쏟아지다 ☐

2. 여러분이 면접관이라면 어떤 사람을 뽑고 싶은지 이야기해 보세요.

은행원

경찰관

연구원

호텔 직원

의상 디자이너

간호사

> 은행원으로 어떤 사람을 뽑고 싶어요?

> 저는 꼼꼼한 사람을 뽑고 싶어요. 은행에서 일할 때는 실수하지 않도록 여러 번 확인하는 게 중요하잖아요.

3. 알고 있는 기념일을 소개해 보세요.

	기념일	날짜	하는 일
자연	세계 물의 날	3월 22일	다양한 행사를 열어서 사람들에게 물의 소중함을 알린다.
가족			
문화			
동물			
국가			

> 저는 자연과 관련된 기념일 중에서 세계 물의 날을 소개하고 싶어요. 세계 물의 날은 3월 22일이에요. 이날은 사람들에게 물의 소중함을 알리기 위해서 만들어졌어요. 그리고….

4. 다음 문법과 표현을 확인해 보세요.

16단원

동-는 모양이다, 형-은 모양이다, 명인 모양이다	민수 씨가 정장을 입은 걸 보니 면접을 보러 **가는 모양이에요**.
동형-어야 할 텐데, 명이어야 할 텐데	프엉 씨가 빨리 좋은 일자리를 **찾아야 할 텐데** 걱정이에요.
동-는다면, 형-다면, 명이라면	제가 만약 이 회사에서 **일하게 된다면** 최선을 다하겠습니다.
누구든(지), 언제든(지), 어디든(지), 무엇이든(지)	우리 회사는 직원들이 **언제든지** 식사할 수 있도록 24시간 동안 식당을 운영하고 있다.

17단원

동-으려던 참이다	마침 동생에게 줄 선물을 사러 **나가려던 참이었어요**.
얼마나 동-는지 모르다, 얼마나 형-은지 모르다	상을 받아서 **얼마나 기쁜지 몰라요**.
동형-다니(요), 명이라니(요)	제가 **1등이라니요**? 믿어지지 않아요.
동-는 대신(에), 형-은 대신(에)	선생님께 이메일을 **보내는 대신에** 직접 카드를 써서 드렸다.

18단원

동-는다니까(요), 형-다니까(요), 명이라니까(요)	두 사람이 손을 잡고 걸어가는 걸 제가 분명히 **봤다니까요**.
동-고 말다	제비는 나무에서 떨어져 다리가 **부러지고 말았습니다**.

5. **문법과 표현을 사용해서 친구와 이야기해 보세요.**

   1) 호준 씨, 내일 아르바이트 면접이 있다고 들었어요. 잘하고 오세요.

   2) 학교 앞에 식당이 새로 생겼는데 손님이 정말 많아요.

   3) 어제 복권을 샀다고 들었어요. 당첨이 되면 뭘 할 거예요?

   4) 선생님, 궁금한 게 있는데 여쭤봐도 될까요?

   5) 방이 너무 지저분하다. 오늘은 청소를 좀 해야 할 것 같아.

   6) 유나 씨가 다음 주에 고향으로 돌아간대요.

   7) 추천해 주고 싶은 영화가 있어요?

   8) 제 동생은 제가 준 생일 선물을 항상 마음에 안 들어 해요. 다음 주가 동생 생일인데 무슨 선물을 하면 좋을까요?

   9) 두 사람은 언제부터 사귀기 시작했어요?

   10) 영화를 보다가 졸았어요. 영화가 어떻게 끝났어요? 두 사람이 헤어졌다가 다시 만났지요?

6. **친구와 이야기해 보세요.**

- 고향에서 최근에 새로 생긴 직업이 있어요?
- 취직을 하기 위해 무엇을 준비해야 합니까?
- 면접을 볼 때 긴장하지 않으려면 어떻게 해야 합니까?

- 고향에 어버이날과 비슷한 기념일이 있습니까?
- 가족이나 친구와 기념하는 특별한 날이 있습니까?
- 기념일을 기억하지 못해서 당황했던 경험이 있습니까?

- '흥부와 놀부' 이야기와 비슷한 옛날이야기를 알고 있습니까?
- 어렸을 때 좋아했던 옛날이야기가 있습니까?
- 만약에 옛날이야기 속 주인공이 될 수 있다면 누가 되어 보고 싶습니까?

듣기 Listening

[1~2] 다음을 듣고 알맞은 것을 고르세요.

1. ①  ②  ③  ④

2. ① 인기 있는 아르바이트 ② 인기 있는 아르바이트 ③ 아르바이트 사이트 인기 검색어 ④ 아르바이트 사이트 인기 검색어

   ① 1위: 편의점 / 2위: 카페 / 3위: 피시방
   ② 1위: 카페 / 2위: 편의점 / 3위: 피시방
   ③ 1위: 배달 아르바이트 / 2위: 편의점 / 3위: 카페
   ④ 1위: 편의점 / 2위: 카페 / 3위: 학원

[3~6] 다음을 듣고 질문에 답하세요.

3. 대화를 듣고 이어질 수 있는 말로 가장 알맞은 것을 고르세요.

   ① 휴대폰 카메라가 고장 난 것 같아.
   ② 안 그래도 다시 확인해 보려던 참이었어.
   ③ 배우들의 연기가 생각보다 어색한 것 같아.
   ④ 연극을 보러 온 게 처음이라서 정말 기대된다.

4. 대화가 끝난 후 남자가 이어서 할 행동으로 가장 알맞은 것을 고르세요.

   ① 꽃다발을 주문한다.   ② 좋은 식당을 찾아본다.
   ③ 식사를 직접 준비한다.   ④ 케이크 재료를 구입한다.

5. 들은 내용과 같은 것을 고르세요.

   ① 이 사람은 연극에서 형 역할을 맡았다.
   ② 이 사람은 옛날이야기를 들으면서 연기를 배웠다.
   ③ 이 사람은 연극배우가 되기 위해 직접 대본을 썼다.
   ④ 이 사람은 자신이 좋아했던 이야기를 연극에서 연기하게 되었다.

6. 들은 내용과 같은 것을 고르세요.

   ① 삼겹살 데이는 3월 한 달 동안 계속된다.
   ② 삼겹살은 나물과 잘 어울리지 않는 음식이다.
   ③ 삼겹살 데이는 건강을 지키기 위해 만들어진 날이다.
   ④ 삼겹살을 먹으면 돼지를 기르는 농가를 도울 수 있다.

[7~8] 다음을 듣고 질문에 답하세요.

7. 대화가 끝난 후 여자가 이어서 할 행동으로 알맞은 것을 고르세요.

   ① 불을 끈다.
   ② 친구들과 나무를 심는다.
   ③ 대중교통을 이용한다.
   ④ 친구들에게 지구의 날을 소개한다.

8. 들은 내용과 같은 것을 고르세요.

   ① 지구의 날에는 누구나 대중교통을 이용해야 한다.
   ② 지구의 환경 오염 문제는 갈수록 심각해지고 있다.
   ③ 한국에서는 지구의 날에 특별한 행사를 하지 않는다.
   ④ 지구의 날 불을 끄는 행사에 참여하면 에너지를 절약할 수 있다.

[9~10] 다음을 듣고 질문에 답하세요.

9. 여자에 대한 설명으로 맞는 것을 고르세요.

   ① 이 연극을 보러 가고 싶어 한다.
   ② 배우들의 연기가 어색했다고 생각한다.
   ③ 남자에게 어제 본 연극을 추천해 주고 있다.
   ④ 책을 읽은 후 주인공에 대한 생각이 바뀌었다.

10. 들은 내용과 같은 것을 고르세요.

    ① 흥부는 형을 용서해 줬다.
    ② 흥부는 자기 재산을 놀부에게 나눠 주었다.
    ③ 흥부는 자신의 힘든 상황 때문에 놀부를 미워했다.
    ④ 흥부의 아내가 열심히 일해서 아이들이 잘 지낼 수 있었다.

  농가 farmer's household 나물 seasoned vegetables 정전 blackout 그루 counter for trees 재산 asset
용서하다 to forgive 본받다 to emulate

읽기 Reading

1. 다음을 읽고 무엇에 대한 글인지 고르세요.

> - 서울미디어에서 청소기 광고 영상을 만들어 주실 분을 찾습니다.
> - 우리 회사에서는 다양한 제품 광고 영상을 만들고 있습니다. 이곳에서 일하게 된다면 멋진 영상을 만드는 방법을 배우고 다양한 경험도 쌓으실 수 있을 겁니다. 여러분의 많은 지원 바랍니다.

① 업무 교육　　② 제품 소개　　③ 회사 광고　　④ 직원 모집

[2~3] 다음을 읽고 글의 내용과 같은 것을 고르세요.

2.

> ### 한글날 기념 특별 행사
> 한글날을 맞이하여 도서관에서 예쁜 한글 쓰기 대회가 열립니다.
> 한글을 사랑하는 분들은 누구든지 참가하실 수 있습니다.
> - 일시와 장소: 10월 9일 10:00~13:00, 도서관 앞 광장
> - 신청 방법: 도서관 홈페이지에서 신청서 작성
> ※ 행사에 참가한 모든 분에게 기념품을 드립니다.

① 한글날에는 도서관에 들어갈 수 없다.　　② 한글날에 하루 종일 행사가 계속된다.
③ 한글 쓰기 대회에는 외국인만 참가할 수 있다.　　④ 대회에 참가한 사람은 누구나 기념품을 받을 수 있다.

3.

> 최근 직원들을 위해 다양한 지원을 해 주는 회사가 늘고 있다. 그동안 많은 직장에서는 결혼하는 직원을 위해 축의금이나 선물을 제공했다. 그리고 자녀 교육비나 가족 휴가비를 대신 내 주는 곳도 있었다. 이러한 지원은 대부분 가족을 위한 것이었다. 그런데 요즘 혼자 사는 직원들이 많아지면서 회사의 지원이 얼마나 많이 달라지고 있는지 모른다. 최근 한 기업이 혼자 사는 직원들을 위해 월세를 대신 내 주고 집 청소를 도와줘서 화제가 되었다. 게다가 이 회사에서는 직원들이 결혼할 계획이 없다면 축의금을 받는 대신에 다른 선물을 요청할 수 있도록 했다. 이러한 회사의 노력이 알려지면서 지원자가 크게 늘었다고 한다.

① 최근 연봉이 높은 회사의 인기가 높아지고 있다.
② 결혼을 하지 않으면 회사에서 아무것도 받을 수 없다.
③ 직원들의 다양한 상황을 생각해 주는 회사가 인기가 많다.
④ 회사에서는 회사를 위해 많은 것을 해 줄 수 있는 직원을 원한다.

 지원하다 to support

4. 다음을 순서대로 맞게 나열한 것을 고르세요.

> (가) 장기 자랑에서 우승한다면 푸짐한 상품도 받으실 수 있습니다. 이번 동창회에 모두 참석하셔서 좋은 추억을 만드시기 바랍니다.
> (나) 다음 주 수요일 저녁 6시에 한국대학교 컴퓨터 공학과 동창회가 열립니다. 우리 과 졸업생은 누구든지 참석할 수 있습니다.
> (다) 이번 동창회에는 선배들과 우리 과 교수님들도 오십니다. 그래서 서로 즐거운 시간을 보낼 수 있도록 다양한 프로그램을 마련했습니다.
> (라) 먼저 박민석 교수님의 특강이 있겠습니다. 그리고 우리 학교 졸업생 가수 '지민'이 특별 공연을 합니다. 저녁 식사 후에는 장기 자랑이 열릴 예정입니다.

① (나) - (다) - (라) - (가)
② (나) - (다) - (가) - (라)
③ (라) - (나) - (가) - (다)
④ (라) - (나) - (다) - (가)

5. 다음 글에서 보기 의 문장이 들어가기에 가장 알맞은 곳을 고르세요.

> 취업을 준비하는 사람들은 일자리를 구하는 것이 어렵다고 하는데 기업에서는 오히려 일할 사람을 구하기가 힘든 모양이다. (㉠) 그 이유는 많은 사람들이 큰 회사에서 일을 해야 좋은 경험을 쌓고 업무 능력을 키울 수 있다고 생각해서 대기업에 취업하기를 원하기 때문이다. (㉡) 그러나 연봉이 높은 대기업에 취직해도 업무가 자신과 맞지 않아서 일을 그만두고 마는 사람들이 많다. 또 중소기업의 경우 근무 환경이 자유롭고 다양한 업무를 맡아볼 수 있기 때문에 대기업에 들어가는 대신에 일부러 중소기업을 선택하는 사람들도 많다. (㉢) 취업에 성공하고 싶다면 무조건 대기업에 지원하는 것보다 취직하려는 회사의 근무 조건과 환경이 자신과 잘 맞는지 알아보는 것이 더욱 중요하다. (㉣)

> **보기** 이런 어려움은 대기업보다는 중소기업에서 나타나고 있다.

① ㉠　　② ㉡　　③ ㉢　　④ ㉣

푸짐하다 to be plentiful

[6~8] 다음을 읽고 질문에 답하세요.

옛날 어느 마을에 사이좋은 형제가 살고 있었다. 형과 동생은 얼마나 사이가 좋았는지 모른다.

6. 이 글의 내용과 같은 것을 고르세요.

    ① 형은 동생의 집에 몰래 가서 쌀을 가지고 왔다.
    ② 형과 동생은 함께 농사를 지으면서 자주 다퉜다.
    ③ 형은 집에 쌀이 부족해서 동생에게 도와 달라고 부탁했다.
    ④ 형은 동생에게 쌀을 줬는데도 쌀이 줄지 않아서 이상하다고 생각했다.

7. 이 이야기를 가장 잘 이해한 사람을 고르세요.

    ① 에릭: 가족들은 무엇이든지 똑같이 나눠야 해요.
    ② 나나: 가까운 사이일수록 서로의 비밀은 꼭 지켜야 해요.
    ③ 엥흐: 형과 동생이 서로를 생각하는 모습이 정말 감동적이에요.
    ④ 민수: 가족이라고 해서 힘들 때 항상 도와줘야 하는 것은 아니에요.

8. 만약 농사가 잘되지 않았다면 두 형제는 어떻게 했을까요? 상상해서 써 보세요.

쓰기 Writing

1. 단어 설명을 읽고 보기 에서 알맞은 단어를 골라서 써넣으세요.

> **보기**
> 공휴일　개천절　광복절　근무 시간　기념일　꼼꼼하다　대기업　무대
> 성별　성실하다　스승의날　시급　어버이날　어린이날　업무　연극
> 연봉　위로하다　응원하다　이해　일자리　한글날　현충일

가로

3. 직장에서 맡아서 하는 일.
4. 운동 경기에서 선수들이 힘을 내도록 □□□□.
5. 일한 시간에 따라 받는 돈.
8. 한국이 독립한 것을 기념하는 날.
9. 배우가 관객 앞에서 연기하는 무대 예술.
10. 큰 회사.
12. 국가에서 정해서 다 함께 쉬는 날.
13. 남녀.
14. 5월 5일.
15. 토니 씨는 항상 실수할까 봐 여러 번 확인한다. 성격이 □□□□.
18. 나라를 위해 싸우다가 돌아가신 분들을 기억하기 위해 만든 날.
20. 한글을 만들고 발표한 것을 기념하는 날.

세로

1. 슬픈 일을 당한 사람이 힘을 낼 수 있도록 따뜻한 말로 □□□□.
2. 일하는 시간.
6. 한국이 처음 세워진 것을 기념하는 날.
7. 배우들이 연극을 하기 위해 □□ 위로 올라갔다.
9. 1년 동안 일을 하며 받는 돈.
11. 어떤 일을 기억하고 축하하기 위해 만든 날.
13. 부지런하고 정직하다.
14. 부모님께 감사하는 마음을 표현하는 날.
16. 그 학생은 똑똑하고 □□이/가 빨라요.
17. 선생님께 감사하는 마음을 표현하는 날.
19. 직장.

2. 알맞은 표현을 골라서 대화를 완성해 보세요.

> -는 모양이다   -어야 할 텐데   -는다니까(요)
> -으려던 참이다   -다니(요)   무엇이든(지)   -고 말다

1) 가: 무슨 음식을 좋아해요?
   나: _____

2) 가: 언제 출발할 거예요?
   나: _____

3) 가: 지수 씨가 내일 면접시험을 본대요.
   나: _____

4) 가: 옆집에서 맛있는 냄새가 나요.
   나: _____

5) 가: 여기는 날씨가 맑은데 거기는 비가 오다니요. 말도 안 돼요.
   나: _____

6) 가: 사라 씨는 면접시험에 붙었어요?
   나: 아니요. _____

7) 가: 마크 씨가 사고로 머리를 다쳐서 아무것도 기억이 나지 않는대요.
   나: 네? _____

3. 틀린 부분을 찾아서 맞게 고쳐 보세요.

1) 그 영화가 얼마나 슬픈지 몰랐어요.   ➡ _____

2) 날씨가 너무 추워서 밖에 나간 대신에 집에서 쉬었어요.   ➡ _____

3) 만약에 내가 너면 그 사람에게 고백할 거야.   ➡ _____

4. 들려주고 싶은 옛날이야기를 200~300자로 쓰세요.

① 등장인물과 배경에 대해 소개해 보세요.
② 무슨 일이 있었습니까?
③ 그 후에 어떻게 되었습니까?

옛날 옛적에

발음 Pronunciation

복습 6

🎧 잘 들어 보세요.

① 이쪽으로 **앉으세요**.

② 안녕하세요? 저는 이번에 새로 들어온 이호연이라고 합니다.
저는 한국대학교에서 컴퓨터 공학을 전공했고/작년에 졸업했습니다.

🎧 잘 듣고 따라 해 보세요.

① 내일 꼭 일곱 시까지 **오세요**.

② 제가 항상 일하고 싶어 하던 곳에서/여러분과 함께 일하게 돼서/
얼마나 기쁜지 모릅니다. 항상 최선을 다하도록 하겠습니다. 감사합니다.

🎧 잘 듣고 친구와 연습해 보세요.

① 가: 음악 소리를 좀 **줄여 주세요**.
나: 네. 알겠습니다.

② 아주 먼 옛날 깊은 산속에/곰 한 마리와 호랑이 한 마리가/살고 있었습니다. 이 곰과 호랑이는/두 발로 서서 걸어 다니는 사람들이 부러웠습니다. 그래서 하늘나라 임금님의 아들을 찾아가/사람이 되게 해 달라고 했습니다. 임금님의 아들은 호랑이와 곰에게/100일 동안 햇빛을 보지 않고/동굴 속에서 쑥과 마늘만 먹으면서 기다리면/사람이 될 수 있다고 했습니다.

 임금님 king 동굴 cave 쑥 mugwort 마늘 garlic

복습 4

[1~2] 다음을 듣고 알맞은 것을 고르세요.

❶ 여: 어떻게 오셨습니까?
  남: 노트북 수리를 좀 맡기려고요. 어제 화면이 갑자기 흐려지더니 전원이 꺼져 버렸어요.
  여: 아, 그러셨군요. 혹시 노트북에 음료수를 쏟거나 노트북을 땅에 떨어뜨리신 적이 있으십니까?
  남: 아니요. 그런 적 없어요. 여기 좀 보세요. 전원 버튼을 아무리 눌러도 전원이 안 켜져요. 제가 오늘 노트북이 꼭 필요하거든요. 고칠 수 있을까요?
  여: 먼저 수리 신청서를 쓰시고 잠시만 기다려 주세요.

❷ 남: 회사원 1,000명에게 고민이 생겼을 때 어떻게 해결하고 있는지에 대해 물었습니다. 열 명 중 네 명은 좋아하는 취미 활동을 한다고 대답했습니다. 아무리 고민이 많아도 취미 활동을 하는 동안에는 잠시 잊어버릴 수 있어서 좋다고 했습니다. 친구나 가족에게 조언을 구하면 문제 해결에 도움이 된다고 대답한 사람은 열 명 중 세 명이었습니다. 혼자서 고민하는 것보다 주변에 알리면 마음이 편안해진다는 의견도 있었습니다. 그다음으로 인터넷 게시판에 글을 올리거나 비슷한 고민을 가지고 있는 사람들의 글을 읽으면서 해결 방법을 찾는다는 대답이 그 뒤를 이었습니다. 이 외에도 전문가를 찾아가서 상담을 받거나 책을 읽는다고 대답한 사람도 있었습니다.

[3~6] 다음을 듣고 질문에 답하세요.

❸ 남: 요즘 밤마다 야식을 먹는 게 습관이 됐어. 어제도 동생이 치킨을 시켜서 같이 먹었는데 소화가 안 돼서 잠을 잘 못 잤어. 먹지 말걸.
  여: 나도 그래. 밤에 먹는 게 건강에 안 좋다는 걸 알지만 아무리 고치려고 해도 잘 안돼. 나는 배고프면 짜증부터 나거든.
  남: 야식 메뉴를 바꿔 보면 어떨까? 피자나 치킨을 먹지 말고 고구마나 삶은 계란, 과일 같은 음식을 먹으면 괜찮을 것 같은데….

❹ 여: 저 올해는 독서하는 습관을 기르기로 마음먹었어요. 아무리 바빠도 일주일에 한 권은 꼭 읽기로 목표를 세웠어요. 작년에는 바빠서 책을 읽을 생각도 못 했거든요.
  남: 그거 정말 좋은 생각이네요. 책을 읽으면 마음이 편안해지고 고민이 생겼을 때 문제가 자연스럽게 해결되기도 해요. 그래서 저도 시간이 날 때마다 독서를 하는 편이에요.
  여: 그렇군요. 그동안 읽은 책 중에서 추천해 주고 싶은 책이 있으면 좀 알려 주세요.
  남: 그럼, 그럴까요?

❺ 여: 민호야, 급한 일이 생겨서 누나가 지금 바로 나가 봐야 해. 알고 보니 오늘이 친한 친구 결혼식이었어. 이따가 준서가 유치원에서 돌아오면 간식 좀 챙겨 줘.
  남: 알았어. 조심해서 잘 다녀와. 간식만 먹이면 돼?
  여: 유치원에서 돌아오면 손을 씻기고 옷도 좀 갈아입혀 줘. 그리고 간식을 먹인 후에는 놀이터에 데리고 가서 친구들하고 좀 놀게 해 줘. 준서가 자기 전에는 들어올 수 있을 거야. 정말 고마워.
  남: 알았어. 무슨 일이 생기면 바로 연락할게.

❻ 남: 요즘 취직 준비를 하고 있는데 지원한 곳에서 모두 떨어졌다는 연락을 받았어요. 열심히 노력하는데도 잘 안되니까 자신도 없고 다시 도전하기가 겁나요. 어떻게 해야 할지 모르겠어요.
  여: 실패는 성공의 어머니라는 말을 들어 본 적이 있지? 누구나 도전을 하고 실패를 하게 되는데 이때 포기해 버리는 사람은 성공할 수 없어. 실패를 두려워하지 않고 포기하지 않는 사람이 좋은 결과를 얻을 수 있어. 그러니까 기운 내서 다시 한번 도전해 보지 그래?
  남: 네. 열심히 노력해서 꼭 합격할게요. 합격하면 선배님께 제일 먼저 알려 드릴게요.

[7~8] 다음을 듣고 질문에 답하세요.

여: 가나전자 고객 센터입니다. 무엇을 도와드릴까요?
남: 저희 집 세탁기가 고장이 난 것 같아요.
여: 아, 그러세요? 세탁기가 어떻게 안 되는지 말씀해 주시겠어요?
남: 빨래를 하려고 시작 버튼을 눌렀는데 세탁기에서 삐 하는 소리가 나더니 갑자기 멈춰 버렸어요. 그리고 빨래를 꺼내고 싶은데 세탁기 문이 잠겨서 안 열려요.
여: 세탁기 문이 잘 안 닫히면 그럴 수 있습니다. 먼저 세탁기의 전원을 꺼 주세요. 전원이 꺼진 후 1~2분 후에 문을 여실 수 있을 겁니다.
남: 감사합니다. 저는 세탁기가 고장 났을까 봐 걱정했는데 다행이네요.
여: 먼저 세탁기 문을 열었다가 다시 잘 닫아 주세요. 그리고 전원을 켜신 후 세탁 버튼을 눌러 주세요. 그렇게 하셨는데도 계속 소리가 나면 고장 접수를 해 주셔야 합니다.
남: 네. 알겠어요. 한번 해 보고 안 되면 다시 전화드릴게요.
여: 네. 저는 상담원 김미소였습니다. 감사합니다.

[9~10] 다음을 듣고 질문에 답하세요.

여: 우리 집 에어컨을 바꿀 때가 된 것 같아. 아무래도 이번 기회에 새로 사야겠어.
남: 그동안 아무 문제 없이 잘 쓰지 않았어?
여: 얼마 전부터 에어컨에서 윙 소리가 나더니 시원한 바람이 잘 안 나와. 여기 좀 봐. 아침저녁에만 잠깐씩 켰는데도 전보다 전기 요금도 많이 나왔어.
남: 그래? 그럼 정말 고장인가 보다. 근데 혹시 에어컨 사용하기 전에 필터 청소는 했어?
여: 필터 청소? 그런 청소는 한 번도 안 해 봤는데….
남: 나도 전에 에어컨에 비슷한 문제가 있었는데 수리 기사를 불러서 필터를 청소하게 했어. 그렇게 하니까 잘되더라고. 너도

에어컨 청소를 한번 해 보지 그래?
여: 그래? 그럼 서비스 센터에 연락해서 방문 요청을 해야겠다.
남: 전자 제품은 관리를 잘하면 오랫동안 사용할 수 있어. 또 에너지도 절약할 수 있고.
여: 응. 알았어. 정말 고마워.

복습 5

[1~2] 다음을 듣고 알맞은 것을 고르세요.

① 여: 무슨 일 있어? 많이 피곤해 보여.
남: 몸이 좀 안 좋네. 자꾸 식은땀이 나고 좀 어지러워.
여: 어디 아픈 거 아니야? 여기 좀 앉지 그래?
남: 알았어. 어제 발표 준비하느라고 못 자서 그런 것 같아. 미리 조금씩 준비했어야 했는데….
여: 집에 가서 좀 쉬면 괜찮아질 거야. 발표 준비는 다 된 거지?
남: 아니. 발표 준비 다 하려면 아직 멀었어.

② 남: 최근 대학생 1,000명에게 무엇 때문에 스트레스를 받고 있는지 물었습니다. 이 질문에 반 이상의 학생들이 학교 성적이나 수업 때문에 스트레스를 받는다고 대답했습니다. 그리고 경제적인 문제로 스트레스가 쌓인다고 대답한 학생이 30%였습니다. 이 밖에도 진학 문제나 친구와의 관계가 스트레스라고 대답한 학생들이 뒤를 이었습니다. 특히, 전문가들은 신입생의 경우 새로운 환경 속에서 생활하면서 스트레스를 더 쉽게 받을 수 있다고 말했습니다. 그리고 이럴 때에는 괜찮은 척하지 말고 주변에 적극적으로 도움을 요청하지 않으면 안 된다고 조언했습니다.

[3~6] 다음을 듣고 질문에 답하세요.

③ 남: 그건 누구 선물이에요?
여: 오늘이 대한 씨 생일이잖아요. 그래서 생일 선물을 준비했어요.
남: 아, 그러네요. 얼마 전까지 기억하고 있었는데 깜빡 잊어버렸어요. 대한 씨와 사귄 지도 꽤 오래됐지요? 두 사람이 손을 잡고 걸어가는 모습을 보면 정말 부러워요. 결혼은 언제 할 생각이에요?

④ 남: 요즘 주말에도 쉬지 못하고 일했더니 너무 지치네. 힘이 없으니까 우울하고 일할 때 집중도 안 돼.
여: 많이 힘들구나. 그럴 땐 쉬지 않으면 안 돼. 주말에 같이 어디 가까운 곳이라도 다녀올까?
남: 좋아. 공기 좋고 평화로운 곳에 가서 좀 쉬었다가 오면 마음에 여유가 생기고 기운도 날 것 같아.
여: 내가 작년에 여행 갔던 곳이 있는데 아주 괜찮았어. 그곳만큼 지금 너에게 딱 맞는 곳도 없을 거야. 내가 기차표가 있는지 알아볼게.

⑤ 여: 지금 만나고 있는 사람이 어떤가요? 여전히 그 사람을 보면 처음 만났던 날처럼 가슴이 두근거리거나 얼굴이 빨개지나요? 아마 아닐 겁니다. 처음에는 서로에게 매력을 느꼈지만 지금은 마음이 변했다고 생각할 수도 있습니다. 이럴 때 사람들은 사랑이 식었다고 생각합니다. 하지만 사랑했던 마음이 변한 것이 아닙니다. 오래 사귄 사람과 같이 있으면 마음이 편안해지는데 이것도 사랑의 또 다른 모습입니다. 사랑의 여러 가지 모양이 궁금할 때는 "사랑의 언어"를 읽어 보세요. 사랑을 오래 지킬 수 있는 방법을 알려 드립니다.

⑥ 여: 요즘 복잡한 도시를 떠나 여유 있는 시골에서 살고 싶어 하는 사람들이 많아지고 있는데요. 하지만 그만큼 시골에 갔다가 적응하지 못하고 돌아오는 사람들도 많다고 합니다. 오늘은 농촌 생활 지원 센터 김종석 과장님을 모시고 이야기를 나눠 보겠습니다. 과장님, 어떻게 해야 시골 생활을 잘할 수 있을까요?
남: 시골에서 행복하게 살기 위해서는 미리 준비하지 않으면 안 됩니다. 우선, 자신이 지낼 집을 찾아봐야 합니다. 이때 살 곳이 나의 생활과 잘 맞는지 꼼꼼하게 확인해야 합니다. 다음으로 무엇을 하면서 지낼지 생각해 봐야 합니다. 간단하게 농사짓는 방법을 배워 두면 도움이 될 겁니다. 요즘은 시골 생활을 잘할 수 있게 도와주는 지원 센터도 있으니까 시골 생활에 관심 있으신 분들은 센터에 방문해 보세요.

[7~8] 다음을 듣고 질문에 답하세요.

여: 여보세요. 진우야, 어디야? 어제 전화도 안 받고 연락도 안 돼서 걱정했어.
남: 미안해. 혼자 있고 싶었어. 여자 친구하고 헤어지고 나서 괜찮은 척했는데 사실은 많이 힘들어. 헤어졌다는 게 아직도 믿어지지 않아. 여자 친구와 헤어지지 말았어야 했는데….
여: 그랬구나. 그런데 그렇다고 계속 집에만 있으면 안 돼. 친구들이 다들 널 걱정하고 있어. 이럴 때일수록 밖에 나와서 활기차게 움직이고 사람들을 만나는 게 좋아.
남: 나도 알고 있어. 그런데 나갈 힘이 없어. 기운이 안 나.
여: 그래도 나가서 운동을 좀 해 봐. 운동을 하고 나면 기분이 상쾌해질 거야. 달리는 게 힘들면 좀 걸어도 좋고.
남: 난 운동하는 거 별로 안 좋아하잖아.
여: 그럼 친구들하고 다 같이 밥이라도 먹자. 같이 맛있는 음식을 먹으면서 이야기하면 기분이 좀 나아질 거야.
남: 그래. 알았어.

[9~10] 다음을 듣고 질문에 답하세요.

남: 요즘은 은퇴하면 고향에 돌아가야겠다고 생각해요. 나이가 들면 들수록 고향이 점점 더 그리워지는 것 같아요.
여: 그래요? 정훈 씨 고향은 어떤 곳인데요?
남: 작은 시골 마을이에요. 어렸을 때 강가에서 친구들과 고기도 잡고 수영도 하면서 시간 가는 줄 몰랐어요.
여: 이야기만 들어도 마음에 여유가 생기는 것 같아요. 그렇지만 은퇴 후에 시골에서 살면 좀 불편하지 않을까요? 시골은 편

의 시설도 잘 안되어 있고 교통도 불편하잖아요.
남: 아닐걸요. 요즘은 시골에도 편의 시설이 잘되어 있다고 들었어요. 제 친구가 얼마 전에 고향에 갔는데 큰 병원도 생기고 스포츠 센터도 짓고 있다고 하더라고요. 고향이 몰라보게 변한 것 같았어요.
여: 그래도 저는 앞으로도 활기찬 도시에서 살고 싶어요. 아마 계속 도시에서 살아서 그런 것 같아요. 시골 생활이 상상이 잘 안돼요.
남: 그럴 수도 있지요. 그럼 저랑 같이 제 고향에 한번 가 볼래요?
여: 좋아요. 날짜를 한번 잡아 봐요.

복습 6

[1~2] 다음을 듣고 알맞은 것을 고르세요.

❶ 여: 오늘 외국인 노래 대회의 우승자는 호주에서 온 크리스 씨입니다. 수상을 축하합니다. 크리스 씨 소감 한 말씀 부탁드립니다.
남: 정말 감사드립니다. 제가 노래 부르는 걸 좋아해서 대회에 참가하게 됐는데 이렇게 우승까지 하니 믿어지지 않습니다. 그리고 시험 기간인데도 불구하고 친구들이 응원하러 와 줘서 얼마나 고마운지 모릅니다. 마지막으로 저보다 노래 실력이 뛰어난 분들이 많았는데 이렇게 큰 상을 주셔서 진심으로 감사드립니다.

❷ 여: 아르바이트 사이트 '알바세상'에서 1년 동안 사람들이 가장 많이 지원한 아르바이트에 대해 발표했습니다. 사람들이 가장 많이 지원한 곳은 편의점이었습니다. 편의점 아르바이트는 나이나 성별과 상관없이 누구든지 지원할 수 있기 때문에 인기가 많은 것으로 보입니다. 2위는 작년에 1위였던 카페였습니다. 근무 환경이 좋은 카페 아르바이트의 인기가 여전히 높았습니다. 3위는 피시방이었습니다. 이 밖에도 배달, 학원 등의 아르바이트가 10위 안에 들었습니다.

[3~6] 다음을 듣고 질문에 답하세요.

❸ 남: 오늘 나오는 남자 배우가 연기를 정말 잘한다고 들었어.
여: 맞아. 그리고 오늘 출연하는 여자 주인공도 얼마나 멋있는지 몰라. 얼마 전에 영화 시상식에서 상을 받았는데 원래 연극배우가 꿈이었대.
남: 나도 그때 수상 소감 말하는 걸 들었어. 이따가 연극이 끝나고 배우들하고 꼭 같이 사진 찍자. 어, 연극을 시작할 모양이야. 휴대폰 껐지?

❹ 남: 누나, 내일이 엄마 생신인데 어떻게 할까? 엄마를 기쁘게 해 드려야 할 텐데….
여: 걱정하지 마. 내가 엄마가 가고 싶어 하시던 식당을 예약해 뒀어.
남: 그래? 그냥 집 근처 식당을 예약하려던 참이었는데 잘됐다. 멋진 식당에서 맛있는 식사도 하고 같이 기념사진도 찍자.

여: 그래. 좋아. 근데 케이크는 어떡하지?
남: 케이크는 내가 한번 만들어 볼게. 필요한 재료를 사러 나가야겠다.

❺ 여: 다음 주 수요일부터 서울극장에서 연극 '사이좋은 형제'의 공연이 열립니다. 이번 연극에서 동생 역할을 맡은 배우 이민혁 씨를 만나 보겠습니다. 이민혁 씨, 안녕하세요?
남: 안녕하세요. 배우 이민혁입니다.
여: 민혁 씨는 어렸을 때 옛날이야기를 좋아하셨나요?
남: 네. 제가 어렸을 때 할머니께서 옛날이야기를 많이 들려주셨거든요. '사이좋은 형제'는 그중에서도 제가 무척 좋아했던 이야기입니다. 이번 공연에서 이 이야기를 직접 연기할 수 있게 돼서 얼마나 기쁜지 모릅니다. 재미있는 공연을 찾고 계신다면 저희 연극을 꼭 보러 오세요. 틀림없이 만족하실 겁니다.

❻ 남1: 오늘 같이 삼겹살 먹자고 연락하신 분들이 많을 것 같습니다. 바로 오늘이 3월 3일, 삼겹살 데이이기 때문인데요. 김지은 리포터가 자세한 소식을 전해 드리기 위해 청주 삼겹살 거리에 나가 있습니다.
여: 지금 여기에서는 삼겹살 축제가 열리고 있는데요. 삼겹살 데이는 돼지를 기르는 농가를 돕기 위해 만들어진 날입니다. 숫자 3이 두 번 들어가는 날이라고 해서 3월 3일이 삼겹살 데이가 되었다고 합니다. 지금 많은 분들이 삼겹살을 구워 드시고 계신데요. 시민 한 분과 인터뷰를 해 보겠습니다. 삼겹살을 더 맛있게 먹는 방법이 있으면 말씀해 주시겠어요?
남2: 삼겹살을 더 맛있고 건강하게 드시고 싶다면 나물과 함께 드셔 보세요. 채소에 고기를 싸서 먹는 대신에 나물과 함께 드시면 새로운 맛을 즐기실 수 있어요.
여: 좋은 말씀 감사합니다. 오늘 저녁 가족이나 친구들과 함께 삼겹살 데이를 즐겨 보시는 건 어떠세요? 지금까지 리포터 김지은이었습니다.

[7~8] 다음을 듣고 질문에 답하세요.

여: 어, 왜 갑자기 불이 꺼졌지?
남: 오늘이 지구의 날이라니까. 아까 선생님이 말씀해 주셨잖아.
여: 지구의 날?
남: 응. 지구의 날은 환경을 지키기 위해 만들어진 날인데 오후 8시에 10분 동안 불을 끄는 행사를 해. 한국에서도 많은 회사와 사람들이 이 행사에 참여하고 있다고 들었어.
여: 그래서 갑자기 불이 꺼졌구나. 난 정전이라도 된 줄 알았어. 그런데 이렇게 10분 동안 불을 끈다고 뭐가 달라질까?
남: 이렇게 하면 나무 8,000 그루를 심는 것만큼 에너지 절약 효과가 있대.
여: 그렇구나. 그런데 지구의 날에 내가 할 수 있는 일이 있을까?
남: 물론이지. 누구든지 지구를 위한 일을 할 수 있어. 자동차를 타는 대신에 대중교통을 이용하거나 종이컵 대신 계속 쓸 수 있는 컵을 사용하는 것도 다 지구를 위한 일이야.
여: 생각보다 쉽은데. 지금 당장 친구들에게 지구의 날에 대해서 알려 줘야겠다.

[9~10] 다음을 듣고 질문에 답하세요.

여: 어제 연극 '흥부와 놀부'를 보고 왔는데 무대도 멋있고 배우들의 연기도 좋았어요.
남: 그래요? 어렸을 때 책에서 읽었던 '흥부와 놀부'를 연극으로도 볼 수 있다니 저도 꼭 보러 가고 싶네요.
여: 네. 시간이 되면 꼭 보세요. 그런데 저는 이번에 연극을 보면서 흥부에 대한 생각이 좀 바뀌었어요.
남: 어떻게 바뀌었는데요? 흥부는 원래 착하고 좋은 사람이잖아요.
여: 전에는 저도 그렇게 생각했어요. 그런데 연극을 보는 내내 흥부가 얼마나 답답했는지 몰라요. 부모라면 놀부네 집에 가서 밥을 달라고 하는 대신에 아이들을 위해서 더 열심히 일을 했어야지요.
남: 듣고 보니 그 말도 맞네요. 흥부와 흥부의 아내가 열심히 일했다면 아이들이 밥을 굶지는 않았을 거예요.
여: 맞아요. 저라면 처음부터 형에게 재산을 다 빼앗기지도 않았을 거예요. 그리고 사람들은 착한 일을 한 흥부가 나중에 복을 받았다고 하지만 그냥 운이 좋았던 게 아닐까요?
남: 그렇게 생각할 수도 있겠네요. 그런데 흥부는 힘든 상황 속에서도 형 놀부를 미워하지 않았잖아요. 마지막에는 형 놀부의 사과도 받아 줬고요. 저는 다른 사람을 용서할 줄 아는 흥부의 착한 마음씨는 본받아야 한다고 생각해요.

Answer Key 모범 답안

10. 고장과 수리

10-1. 고장 상황

어휘 p. 14

1. 2) 화면이 안 나올 3) 액정이 깨져서
   4) 수리해

2. 2) 음료수를 쏟았을 3) 먼지가 끼지
   4) 땅에 떨어뜨리지

3. 2) 배터리를 넣어야겠어요 3) 온도 조절이 안 돼요
   4) 플러그를 뽑아 5) 전원을 껐다가
   6) 종이가 걸려요

문법과 표현 ❶ 동형 -더니 p. 16

1. 2) 두 사람이 싸워서 어제까지 말도 안 하더니 오늘은 잘 지내요
   3) 동생이 어렸을 때는 책을 많이 읽더니 요즘은 컴퓨터 게임만 해요
   4) 아침에는 길이 복잡하더니 지금은 한산해요
   5) 지난주에는 운동화가 비싸더니 이번 주에는 가격이 저렴해졌어요

2. 2) 친구가 열심히 운동하더니 건강해졌어요
   3) 언니가 주말에도 쉬지 않고 일하더니 병원에 입원했어요
   4) 형이 요리하는 것을 좋아하더니 요리사가 됐어요
   5) 하늘이 흐려지더니 비가 내리기 시작했어요

3. 2) 어렸을 때부터 노래를 잘 부르더니 가수가 됐어요
   3) 어제 비를 맞더니 감기에 걸렸어요
   4) 아까는 시끄럽더니 지금은 조용해졌어요
   5) 예전에는 매운 음식을 못 먹더니 요즘은 잘 먹어요

문법과 표현 ❷ 동 -지 그래(요)? p. 18

1. 2) 지하철로 갈아타지 그래요
   3) 다시 카페에 가 보지 그래요
   4) 점심시간에 산책하지 그래요
   5) 동아리에 가입하지 그래요
   6) 냉면을 먹지 그래요
   7) 이 하늘색 원피스를 입지 그래

2. 2) 밤에 일찍 자지 그래요?
   3) 아르바이트를 하지 그래요?
   4) 과일을 사 가지 그래요?

10-2. 수리 요청

어휘 p. 20

1. 2) 비웠어요 3) 높여
   4) 돌려 5) 늦출
   6) 채웠어요 7) 알려

2. 2) 방문하기 3) 요청해
   4) 접수해 5) 확인해야

문법과 표현 ❸ 사동(-이/히/리/기/우/추-) p. 22

1. 1) 보다 → 보이다 2) 입다 → 입히다
   3) 살다 → 살리다 4) 웃다 → 웃기다
   5) 읽다 → 읽히다 6) 낮다 → 낮추다
   7) 높다 → 높이다 8) 깨다 → 깨우다
   9) 울다 → 울리다 10) 벗다 → 벗기다
   11) 서다 → 세우다 12) 늦다 → 늦추다
   13) 먹다 → 먹이다 14) 맞다 → 맞히다
   15) 감다 → 감기다 16) 맡다 → 맡기다
   17) 비다 → 비우다 18) 타다 → 태우다
   19) 끓다 → 끓이다 20) 돌다 → 돌리다

2. 2) 차를 세웠어요
   3) 동생을 울렸어요
   4) 아이에게 옷을 입혀요
   5) 남자에게 모자를 씌웠어요
   6) 여자의 머리를 감겨요

3. 2) 늦춰도 3) 재워
   4) 살리는 5) 태워

4. 2) 저기 횡단보도 앞에서 차를 서 주세요. ⇒ 세워
   3) 친구들에게 여행 가서 찍은 사진을 보아 주었어요. ⇒ 보여
   4) 날씨가 너무 더워서 에어컨 온도를 낮았어요. ⇒ 낮췄어요
   5) 햇빛이 너무 강하네요. 아이에게 모자를 좀 써 주시겠어요? ⇒ 씌워
   6) 잠깐 낮잠을 좀 자야겠어요. 30분 후에 좀 깨 줄래요? ⇒ 깨워

5.

2) 코미디언이 사람들을 웃겼어요
3) 고양이가 쥐를 죽였어요
4) 의사가 환자를 살렸어요
5) 아빠가 아이의 신발을 벗겼어요
6) 내가 부모님께 합격 소식을 알렸어요
7) 친구가 세탁소에 양복을 맡겼어요
8) 오빠가 강아지의 발을 씻겼어요

6. 2) 제니가 다니엘을 깨웠어요
3) 다니엘이 학교 게시판에 포스터를 붙였어요
4) 다니엘이 찌개를 끓였어요
5) 제니가 할머니를 휠체어에 앉혀 드렸어요

7. 2) 강아지의 털을 빗겨 주세요
3) 산책 후에 강아지를 씻겨 주세요
4) 강아지에게 옷을 입혀 주세요

8. 2) 입혀   3) 씻워
4) 깨워서

11. 실수와 고민

11-1. 실수와 후회

어휘   p. 30

1. 2) 잘못해서   3) 겁이 났어요
4) 당황해서   5) 다행이에요

2. 2) 실수하지   3) 감춰
4) 후회하고   5) 들켰어요
6) 심각한

문법과 표현 ❶ 동-고 보니   p. 32

1. 2) 모자를 사고 보니 집에 똑같은 모자가 있었어요
3) 동아리에서 만난 사람과 이야기하고 보니 같은 고향 사람이었어요
4) 친구의 말을 듣고 보니 친구의 말이 맞았어요
5) 청바지를 입고 보니 지퍼가 고장 나서 다른 바지로 갈아입었어요

2. 2) 마시고 보니   3) 받고 보니
4) 알고 보니   5) 듣고 보니
6) 잡고 보니   7) 앉고 보니
8) 넣고 보니

3. 1) 입고 보니   2) 도착하고 보니
3) 타고 보니   4) 알고 보니

문법과 표현 ❷ 동-을 걸 (그랬다)   p. 34

1. 2) 일찍 일어날 걸 그랬어요
3) 친구 생일 파티에 갈 걸 그랬어요
4) 쇼핑을 많이 하지 말 걸 그랬어요
5) 라면을 먹지 말 걸 그랬어요

2. 2) 살 걸 그랬네요   3) 갈걸
4) 신지 말 걸 그랬어요   5) 사지 말 걸 그랬어요

3. 1) 잘 걸 그랬다   2) 버스를 잘 보고 탈 걸 그랬다
3) 택시를 타지 말 걸 그랬다   4) 우산을 챙길 걸 그랬다

11-2. 고민과 조언

어휘   p. 36

1. 2) 불만이 있으면   3) 문제를 해결할
4) 조언해   5) 도움이 됐어요
6) 고민이 있으면

3. 2) 야단맞았어요   3) 화 풀어
4) 야단쳤어

문법과 표현 ❸ 동-는데도, 형-은데도, 명인데도   p. 38

1.

2) 공부를 안 하는데도 성적이 좋아요
3) 밥을 많이 먹는데도 살이 안 쪄요
4) 돈이 많은데도 절약해요
5) 외국 사람인데도 한국어를 잘해요
6) 방학인데도 학교에 가요

2. 2) 에어컨을 켰는데도 방이 더워요
3) 김치찌개가 매운데도 외국 친구가 잘 먹어요
4) 바쁜데도 친구들을 자주 만나요
5) 휴대폰을 고쳤는데도 통화가 안 돼요

4. 2) 바쁘신데도 불구하고   3) 비가 내리는데도 불구하고
4) 주말인데도 불구하고   5) 늦은 시간인데도 불구하고

문법과 표현 ❹   명에 대해(서), 명에 대한   p. 40

1. 2) 에 대해(서)   3) 에 대한
4) 에 대해(서)

2. 2) 서울의 역사에 대한   3) 한국대학교에 대한
4) 사라진 공룡에 대한   5) 부자들의 습관에 대한

12. 습관의 중요성

12-1. 습관과 버릇

어휘   p. 44

1. 2) 저는 스트레스를 받으면 한숨을 쉬어요
3) 저는 당황하면 머리를 긁어요
4) 저는 의자에 앉아 있을 때 다리를 떨어요

2. 2) 손톱을 깨물어서   3) 다리를 떨지
4) 한숨을 쉬고

3.
1) 습관을 — 기르다
2) 건강을 — 돌보다
3) 버릇을 — 고치다
4) 잠을 — 충분히 자다
5) 긍정적으로 — 생각하다
6) 정리를 — 잘하다

2) 건강을 돌보려고요   3) 버릇을 고치기가
4) 잠을 충분히 자야   5) 긍정적으로 생각하세요
6) 정리를 잘한다고

문법과 표현 ❶   동-게 하다   p. 46

1. 2) 동생이 과소비를 해서 쇼핑하기 전에 살 물건을 적게 했어요
3) 조카가 눈이 나빠져서 어두운 곳에서 게임을 하지 못하게 했어요
4) 아이가 밥을 잘 먹지 않아서 과자를 먹지 못하게 했어요

2. 2) 형이 동생에게 방 청소를 하게 했어요
3) 선생님이 학생들에게 내일까지 숙제를 내게 했어요
4) 직원이 손님에게 음료수를 가지고 들어오지 못하게 했어요
5) 직원이 아이를 뛰지 못하게 했어요

3. 2) 마시게 해 보세요   3) 하게 해 보세요
4) 통화하게 해 보세요   5) 걷게 해 보세요

문법과 표현 ❷   아무리 동형-어도   p. 48

1. 2) 아무리 커피를 마셔도   3) 아무리 약을 먹어도
4) 아무리 들어도   5) 아무리 길이 막혀도
6) 아무리 가지고 싶어도   7) 아무리 힘들어도

2. 2) 아무리 전화해도 안 받아요
3) 아무리 해도 준비가 안 끝나요
4) 아무리 외워도 금방 잊어버려요
5) 아무리 피곤해도 숙제를 해요

12-2. 계획과 실천

어휘   p. 50

1. 2) 목표를 정했어요   3) 실력을 길렀어요
4) 좋은 결과를 얻었어요   5) 꿈을 이뤘어요

2. 2) 좋은 결과를 얻도록   3) 실력을 기르기
4) 꿈을 이뤄서   5) 마음을 먹었어요

3. 2) 포기했어요   3) 도전해
4) 실천해   5) 실패했어요
6) 성공한

문법과 표현 ❸   동-을 생각도 못 하다   p. 52

1.
1) 돈이 없다 — 새 노트북을 사다
2) 바지가 꽉 끼다 — 입다
3) 학교가 멀다 — 걸어서 다니다
4) 일이 많다 — 휴가를 떠나다
5) 도로가 미끄럽다 — 운전하다

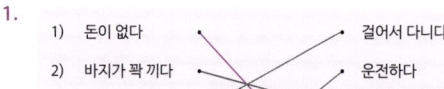

부록 Appendix

2) 바지가 꽉 껴서 입을 생각도 못 해요
3) 학교가 멀어서 걸어서 다닐 생각도 못 해요
4) 일이 많아서 휴가를 떠날 생각도 못 해요
5) 도로가 미끄러워서 운전할 생각도 못 해요

2. 2) 배가 아파서 아이스크림을 먹을 생각도 못 해요
3) 몸이 아파서 운동할 생각도 못 해요
4) 시계가 비싸서 살 생각도 못 해요

3. 2) 밤에 못 잘까 봐 커피를 마실 생각도 못 해
3) 알레르기 때문에 해산물을 먹을 생각도 못 해요
4) 빨리 예약하지 않으면 여행 갈 생각도 못 해요
5) 지금 출발하지 않으면 약속 시간에 도착할 생각도 못 해요

문법과 표현 ④ 동-어 버리다   p. 54

1. 2) 가 버렸어   3) 실수해 버렸어요
   4) 내려 버렸어   5) 잃어버려서
   6) 잊어버리고

2. 2) 사 버렸어요   3) 와 버렸어요
   4) 해 버렸어요

복습 4

말하기   p. 59

4. 예
   1) 한국 문화에 대해서 발표해야 해요.
   2) 아무리 단어를 외워도 기억이 안 나요.
   3) 다음 주에 시험이 있어서 여행 갈 생각도 못 해요.
   4) 아니요. 동생이 예전에는 게임만 하더니 요즘은 공부를 열심히 해요.
   5) 좋았어요. 그런데 만나고 보니 동창이었어요.
   6) 편지를 써 드리지 그래요?
   7) 따뜻한 물을 자주 마시게 하세요.
   8) 동생이 내가 먹던 케이크를 다 먹어 버렸거든요.
   9) 어제 살걸 그랬네요.
   10) 조카의 머리를 빗겨 준 적이 있어요.

듣기   p. 60

1. ①   2. ③   3. ③   4. ②   5. ②
6. ③   7. ④   8. ①   9. ③   10. ②

읽기   p. 62

1. ④   2. ③   3. ④   4. ③   5. ③
6. ②   7. ②   8. ④

쓰기   p. 66

1. 1) 감춰   2) 알리고   3) 깜빡하고
   4) 맡겨   5) 들켜   6) 돌려야겠어요

2. 1) 전원을 끄다 — 뽑다
   2) 시동을 걸다 — 켜다
   3) 플러그를 꽂다 — 넣다
   4) 배터리를 빼다 — 끄다

   1) 켜세요   2) 끄세요
   3) 뽑아   4) 넣었는데도

3. 1) 제가 다 먹어 버렸어요.
   2) 비싼데도 잘 팔려요.
   3) 저도 갈걸 그랬네요.
   4) 시험공부를 해야 해서 갈 생각도 못 해요.
   5) 수리 센터에 맡기지 그래요?
   6) 동생에게 사 오게 하세요.
   7) 열심히 공부하더니 합격했어요.

4. 1) 아이가 유치원에서 돌아오면 간식을 먹이고 주세요.
      ➡ 먹여 주세요.
   2) 어제 폭우가 내리고 보니 홍수가 났어요. ➡ 내리더니
   3) 주현 씨는 열심히 공부해서 성적이 나빠요. ➡ 공부하는데도

13. 연애와 결혼

13-1. 연애의 조건

어휘   p. 72

1. 2) 성격이 잘 맞아서   3) 능력이 있으면
   4) 마음씨가 착한   5) 매력이 있어요
   6) 인상이 좋거든요   7) 조건이 맞는

2. 2) 중매결혼이야   3) 선봤는데
   4) 소개팅하기로

문법과 표현 ❶ 동-으려면 멀었다   p. 74

1. 2) 밥을 먹으려면 아직 멀었다
   3) 6급에서 공부하려면 아직 멀었다
   4) 등록금을 다 모으려면 아직 멀었다
   5) 결혼하려면 아직 멀었다

2. 2) 끝나려면 멀었어요   3) 잘하려면 멀었어요
   4) 가려면 멀었어요   5) 도착하려면 아직 멀었어요

6) 제대하려면 아직 멀었어요 7) 받으려면 아직 멀었어요
8) 책을 다 읽으려면 아직 멀었어요

문법과 표현 ❷ 동형-잖아(요), 명이잖아(요) p. 76

1. 2) 오늘 소개팅하잖아요
   3) 노래를 잘 부르잖아요
   4) 원래 음식을 잘 만들잖아요
   5) 경치가 아름답잖아요
   6) 날씨가 춥잖아요
   7) 연휴잖아요
   8) 휴일이잖아요

2. 2) 한국어를 오래 배웠잖아요
   3) 아까 민수 씨하고 싸웠잖아요
   4) 일요일이었잖아요

13-2. 사랑 이야기

어휘 p. 78

1. 1) 얼굴이 빨개졌어요 2) 첫눈에 반했대요
   3) 가슴이 두근거려서

2. 1) 나란히 앉아서 2) 어깨에 기대어서
   3) 손을 잡고 4) 팔짱을 끼고

3. 1) 고백하기로 2) 사랑이 식었다고
   3) 이별하기로 4) 청혼하는데

문법과 표현 ❸ 동형-으면 동형-을수록 p. 80

1.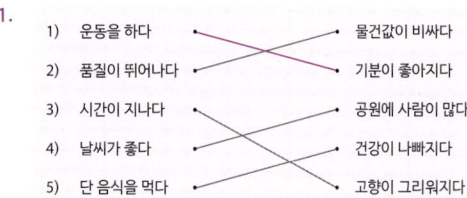

2) 품질이 뛰어나면 뛰어날수록 물건값이 비싸다
3) 시간이 지나면 지날수록 고향이 그리워진다
4) 날씨가 좋으면 좋을수록 공원에 사람이 많다
5) 단 음식을 먹으면 먹을수록 건강이 나빠진다

2. 2) 배우면 배울수록 3) 먹으면 먹을수록
   4) 살면 살수록 5) 들으면 들을수록

3. 2) 어린아이일수록 3) 역 근처일수록
   4) 부자일수록 5) 친한 친구일수록

문법과 표현 ❹ 동-는 척하다, 형-은 척하다, 명인 척하다 p. 82

1. 2) 과자를 먹다가 물을 마시는 척해요
   3) 만화책을 보다가 역사책을 읽는 척해요
   4) 편지를 쓰다가 공부하는 척해요
   5) 게임을 하다가 사전을 찾는 척해요

2. 2) 잘 먹는 척했어요 3) 마음에 드는 척했어요
   4) 재미있는 척했어요 5) 괜찮은 척했어요
   6) 생일인 척하고

14. 고향의 어제와 오늘

14-1. 도시와 시골

어휘 p. 86

1. 1) 공해가 심하다 2) 공기가 좋기로
   3) 활기차게 4) 따분하다

2. 2) 볼거리가 다양할 3) 평화로운
   4) 편의 시설이 잘되어 있어서 5) 여유가 없어

문법과 표현 ❶ 동형-었던, 명이었던 p. 88

1. 2) 올라갔던 3) 입었던
   4) 작았던 5) 추웠던
   6) 공장이었던

2. 2) (마시던 / 마셨던)
   3) (입던 / 입었던)
   4) (찍던 / 찍었던)
   5) (하던 / 했던)
   6) (다녀왔던 / 다녀오던)
   7) (만나던 / 만났던)

3. 2) 봤던 영화 3) 읽었던 책
   4) 살았던 곳

문법과 표현 ❷ 동형-을걸(요), 명일걸(요) p. 90

1. 2) 쉬고 계실걸요 3) 반납해야 할걸
   4) 잘 먹을걸 5) 추울걸요
   6) 요리사일걸요 7) 중국 사람일걸요
   8) 닫았을걸요

2. 2) 사람이 많을걸요 3) 내일도 비가 올걸요
   4) 작을걸요 5) 도착하지 못했을걸요

14-2. 현재와 미래

어휘 p. 92

1. 2) 발전하고 3) 변해서
   4) 상상이 안 돼요 5) 상상이 돼요
   6) 나타나서

2. 1) 사라졌습니다 2) 생겼습니다
   3) 낡은 4) 새롭게

문법과 표현 ❸ 명 만큼 p. 94

1. 2) 농구 선수만큼 3) 운동장만큼
   4) 가수 모나만큼 5) 서울만큼

2. 1) 하늘만큼 땅만큼 2) 눈곱만큼도
   3) 바다만큼 4) 대궐만큼

3. 2) 한옥만큼 3) 별만큼
   4) 남산만큼 5) 서울만큼

문법과 표현 ❹ 동형 -지 않으면 안 되다 p. 96

1. 2) 눈 건강에 좋은 음식을 먹지 않으면 안 된다
   3) 한 시간 정도 일하고 나서 10분 정도 쉬지 않으면 안 된다
   4) 6개월에 한 번 안과에 가서 검사를 받지 않으면 안 된다

2. 2) 비자를 받지 않으면 안 돼요 / 비자를 안 받으면 안 돼요
   3) 들어가지 않으면 안 돼요 / 안 들어가면 안 돼요
   4) 공항에 도착하지 않으면 안 돼요 / 공항에 도착 안 하면 안 돼요
   5) 매일 연습하지 않으면 안 돼요 / 매일 연습을 안 하면 안 돼요

3. 1) 영화 시작 전에 입장하지 않으면 안 됩니다
   2) 안전벨트를 매지 않으면 안 됩니다, 조용히 하지 않으면 안 됩니다
   3) 수영 모자를 쓰지 않으면 안 됩니다, 준비 운동을 하지 않으면 안 됩니다
   4) 플러그를 뽑아 놓지 않으면 안 됩니다, 냉장고를 비우지 않으면 안 됩니다

15. 건강한 몸과 마음

15-1. 튼튼한 몸

어휘 p. 100

1. 1) 숨이 차요 2) 힘이 세서
   3) 몸도 가벼워 4) 힘이 없네요

2.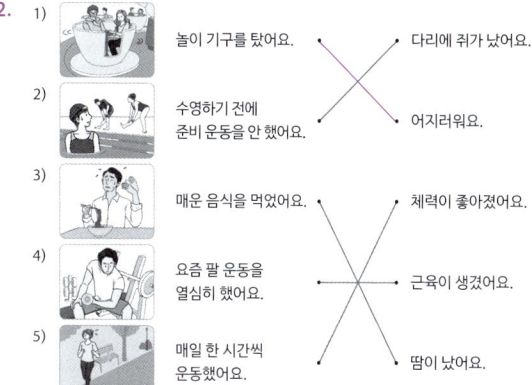

문법과 표현 ❶ 동 -었더니 p. 102

1.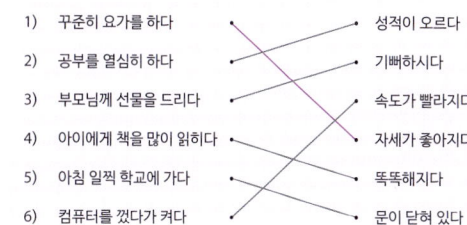

   2) 공부를 열심히 했더니 성적이 올랐어요
   3) 부모님께 선물을 드렸더니 기뻐하셨어요
   4) 아이에게 책을 많이 읽혔더니 똑똑해졌어요
   5) 아침 일찍 학교에 갔더니 문이 닫혀 있었어요
   6) 컴퓨터를 껐다가 켰더니 속도가 빨라졌어요

2. 2) 약을 먹었더니 3) 고향에 갔더니
   4) 연습했더니 5) 아이스크림을 먹었더니
   6) 동생을 야단쳤더니

3. 2) (춥더니 / 추웠더니)
   3) (먹더니 / 먹었더니)
   4) (가더니 / 갔더니)
   5) (하더니 / 했더니)
   6) (작더니 / 작았더니)
   7) (말하더니 / 말했더니)

문법과 표현 ❷ 명 이라도 p. 104

1. 2) 뜨거운 커피라도 주세요 3) 인천이라도 가자
   4) 비옷이라도 입을래요 5) 라면이라도 끓여 먹을까요
   6) 편지라도 쓰세요 7) 약이라도 드세요
   8) 환불이라도 해 주세요

15-2. 건강한 마음

어휘   p. 106

1. 2) 상처를 받은   3) 집중이 안 될
   4) 우울해해요   5) 어려움을 느끼는
   6) 지쳤어

3. 2) 스트레스가 풀릴 거예요
   3) 기운이 날 거예요
   4) 마음에 여유가 생길 거예요

문법과 표현 ❸   동-느라(고)   p. 108

1. 2) 결혼 준비하느라고 바빠요
   3) 음악을 듣느라고 못 들었어요
   4) 발표 자료를 만드느라고 못 잤어요
   5) 친구와 노느라고 못 했어요

2. 2) 일하느라고
   3) 숙제하느라고
   4) 전화하느라고
   5) 케이크를 만드느라고

3. 2) (전화하느라고 / 전화해서)
   3) (준비하느라고 / 준비해서)
   4) (일어나느라고 / 일어나서)
   5) (만드느라고 / 만들어서)
   6) (많느라고 / 많아서)

문법과 표현 ❹   동형-었어야 하다, 명이었어야 하다   p. 110

1. 2) 숙제를 다 했어야 했는데
   3) 전화를 받았어야 했는데
   4) 생일 선물을 샀어야 했는데
   5) 병원에 갔어야 했는데
   6) 마틴 씨였어야 했는데

2. 2) 두꺼운 옷을 입었어야 했는데….
   3) 음식을 충분히 준비했어야 했는데….
   4) 거짓말을 하지 말았어야 했는데….
   5) 과속하지 말았어야 했는데….
   6) 날씨가 좋았어야 했는데….

3. 2) 공부를 열심히 했어야 했는데 후회가 돼요
   3) 생일을 잊어버리지 말았어야 했는데 후회가 돼요
   4) 한국어를 일찍 배웠어야 했는데 후회가 돼요

복습 5

말하기   p. 115

5. 예
   1) 글쎄요. 지하철에서 음식을 먹으면 안 될걸요.
   2) 고향에 돌아가려면 아직 멀었어요.
   3) 출장 준비하느라고 못 쉬었어.
   4) 그럼 커피라도 주세요.
   5) 살면 살수록 좋은 것 같아요.
   6) 싸고 맛있잖아요.
   7) 아픈 척하고 집에 일찍 돌아가겠어요.
   8) 아니요. 잘 못 봤어요. 열심히 공부했어야 했는데….
   9) 네. 열심히 운동했더니 몸이 좋아졌어요.
   10) 한국 친구를 사귀지 않으면 안 됩니다.

듣기   p. 116

1. ③   2. ②   3. ③   4. ②   5. ④
6. ②   7. ①   8. ④   9. ③   10. ②

읽기   p. 118

1. ②   2. ④   3. ④   4. ②   5. ②
6. ③   7. ④   8. ③

쓰기   p. 122

1. 1) 쥐가 났어요   2) 중매결혼을
   3) 편의 시설이 잘되어 있어서   4) 어려움을 느껴요
   5) 숨이 차요   6) 낡아서

2.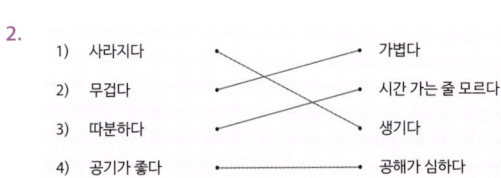

   1) 사라지고, 생겼어요
   2) 무거웠는데, 가벼워졌어요
   3) 따분할, 시간 가는 줄 모르고
   4) 공기가 좋았는데, 공해가 심해요

3. 1) 절약하지 않으면 안 돼요.
   2) 매력이 있잖아요.
   3) 샌드위치라도 드세요.
   4) 숙제하느라고 못 했어요.
   5) 네. 가까우면 가까울수록 비싸요.
   6) 미안해요. 이야기했어야 했는데 너무 바빠서 못 했어요.
   7) 아니요. 요즘은 시골도 도시만큼 편리해요.

4. 1) 지난번에 소개팅에서 만나던 사람이 어때요? ➡ 만났던
   2) 공부를 열심히 하더니 엄마가 좋아하세요. ➡ 했더니
   3) 입학한 지 얼마 안 됐어요. 졸업하려면 아직 멀어요. ➡ 멀었어요

2. 2) 원하는 대학교에 합격해야 할 텐데요
   3) 책을 많이 읽어야 할 텐데
   4) 시험이 어려울 텐데
   5) 날씨가 좋아야 할 텐데요
   6) 영화가 시작됐을 텐데요
   7) 성실한 사람이어야 할 텐데요

16. 일과 직업

16-1. 아르바이트

어휘 p. 128

1. 2) 근무 시간   3) 시급
   4) 업무   5) 연령

3. 2) 이해가 빠른   3) 최선을 다해서
   4) 꼼꼼하게   5) 경험이 많으니까
   6) 업무 능력이 뛰어나잖아요

문법과 표현 ❶ 동-는 모양이다, 형-은 모양이다, 명인 모양이다   p. 130

1. 2) 장난감이 마음에 드는 모양이에요
   3) 배가 부른 모양이야
   4) 업무 능력이 뛰어난 모양이에요
   5) 지원자가 많은 모양이에요
   6) 남자 친구인 모양이에요
   7) 잠을 잘 못 잔 모양이에요
   8) 공연이 끝난 모양이에요

2. 2) 두 사람 옷이 젖은 걸 보니 비가 오는 모양이다
   3) 음식 냄새가 나는 걸 보니 엄마가 요리하시는 모양이다
   4) 기다리는 사람이 많은 걸 보니 이 식당 음식이 맛있는 모양이다
   5) 밖에 있는 사람이 두꺼운 옷을 입은 걸 보니 날씨가 추운 모양이다

3. 2) 칭찬을 들은   3) 성실하게 준비한
   4) 승진하는 / 승진할

문법과 표현 ❷ 동형-어야 할 텐데, 명이어야 할 텐데   p. 132

1. 2) 밥을 잘 먹어야 할 텐데
   3) 빨리 나으셔야 할 텐데
   4) 마음에 들어 해야 할 텐데요
   5) 안 아파야 할 텐데요
   6) 날씨가 따뜻해야 할 텐데요
   7) 큰 차여야 할 텐데요
   8) 시험이 쉬워야 할 텐데
   9) 일찍 일어나야 할 텐데요

16-2. 일하고 싶은 곳

어휘 p. 134

1. 1) 직장 상사   2) 동료
   3) 신입 사원

2. 1) 우리 회사는 광고를 만듭니다. 직원이 많지 않지만 가족 같은 분위기입니다. — 중소기업
   2) 우리 회사는 전자 제품을 만듭니다. 그리고 백화점과 호텔도 운영하고 있습니다. — 대기업

3. 2) 출퇴근 시간이 자유로워요   3) 복장이 자유로워요
   4) 연봉이 높아요   5) 보너스를 받게
   6) 교육 기회가 제공되면   7) 승진 기회가 많아요
   8) 근무 환경이 좋은

문법과 표현 ❸ 동-는다면, 형-다면, 명이라면   p. 136

1. 1) 내일 지구가 없어지다 — 사랑하는 사람과 시간을 보내고 싶어요
   2) 마당이 있는 집에 살다 — 큰 개를 키우고 싶어요
   3) 구입한 물건에 문제가 생기다 — 환불해 드리겠습니다
   4) 타임머신이 있다 — 미래로 가 보고 싶어요
   5) 내가 부자다 — 가난한 아이들을 돕겠어요
   6) 어제 간 식당이 맛이 없었다 — 추천하지 않았을 거예요

   2) 만약 마당이 있는 집에 산다면 큰 개를 키우고 싶어요
   3) 만약 구입하신 물건에 문제가 생긴다면 환불해 드리겠습니다
   4) 만약 타임머신이 있다면 미래로 가 보고 싶어요
   5) 만약 내가 부자라면 가난한 아이들을 돕겠어요
   6) 만약 어제 간 식당이 맛이 없었다면 추천하지 않았을 거예요

2. 2) 만난다면   3) 맛없다면
   4) 쉬는 날이라면   5) 오지 않았다면
   6) 배웠다면

문법과 표현 ❹ 누구든(지), 언제든(지), 어디든(지), 무엇이든(지) p. 138

1. 2) 누구든지 3) 언제든지 4) 어디든지

2. 2) 어떤 영화든지 다 좋아해요
   3) 무슨 음식이든지 잘 먹어요
   4) 어느 나라든지 다 괜찮아요

3. 1) 누구하고든지 2) 어디(에)서든지
   3) 누구한테든지 4) 어디(에)든지

17. 특별한 날

17-1. 기념일

어휘 p. 142

1. 2) 어버이날 3) 현충일 4) 한글날
   5) 어린이날 6) 공휴일 7) 기념일
   8) 광복절 9) 식목일 10) 개천절

2. 1) 기념행사를 하는 2) 꽃을 달아 드렸어요
   3) 국기를 달아요 4) 나무를 심었다고

문법과 표현 ❶ 동-으려던 참이다 p. 144

1. 2) 조카 선물을 사려던 참이야 / 참이었어
   3) 청소하려던 참이에요 / 참이었어요
   4) 나가려던 참이야 / 참이었어
   5) 물어보려던 참이에요 / 참이었어요
   6) 모임 날짜를 잡으려던 참이야 / 참이었어
   7) 도우려던 참이에요 / 참이었어요
   8) 케이크를 만들려던 참이야 / 참이었어

2.
   1) 저녁 식사를 준비하다 — 동생이 피자를 사 오다
   2) 영화를 보러 가다 — 친구가 영화표를 주다
   3) 친구에게 연락하다 — 친구한테 문자 메시지가 오다
   4) 출출해서 간식을 먹다 — 엄마가 쿠키를 구워 주다

   2) 영화를 보러 가려던 참이었는데 친구가 영화표를 줬어요
   3) 친구에게 연락하려던 참이었는데 친구한테 문자 메시지가 왔어요
   4) 출출해서 간식을 먹으려던 참이었는데 엄마가 쿠키를 구워 주셨어요

문법과 표현 ❷ 얼마나 동-는지 모르다, 얼마나 형-은지 모르다 p. 146

1. 2) 곰 인형을 얼마나 좋아하는지 몰라요
   3) 사탕을 얼마나 많이 먹는지 몰라요
   4) 말하기 대회에서 상을 받아서 얼마나 기쁜지 몰라요
   5) 공사 때문에 밖이 얼마나 시끄러운지 몰라요
   6) 닭갈비에 들어가는 양념이 얼마나 매운지 몰라요
   7) 지난주에 독감에 걸려서 얼마나 아팠는지 몰라요

2. 2) 눈이 얼마나 많이 오는지 몰라요
   3) 통화를 얼마나 자주 하는지 몰라요
   4) 그 드라마가 얼마나 재미있는지 몰라요
   5) 사람이 얼마나 많은지 몰라요
   6) 얼마나 무서웠는지 몰라요
   7) 얼마나 즐거웠는지 몰라요

17-2. 소중한 기억

어휘 p. 148

1. 2) 소감을 말하고 3) 좋은 추억으로 남았어요
   4) 마음을 표현했어요 5) 기념하기
   6) 격려해 7) 수상을 축하합니다
   8) 위로해 9) 바라고

2. 2) 위로해 3) 바랍니다
   4) 응원하겠습니다

문법과 표현 ❸ 동형-다니(요), 명이라니(요) p. 150

1. 2) 다음 달에 결혼하다니요
   3) 18시간이나 걸리다니요
   4) 배가 고프다니요
   5) 고양이와 대화할 수 있는 사람이 있다니요
   6) 주사가 아프지 않다니요
   7) 동생이 중학생이라니
   8) 소민 씨가 면접시험에 떨어지다니

2. 2) 고장 난 곳을 스스로 고치다니
   3) 옷 가게가 전부 사라지다니
   4) 어머니가 유명한 배우시라니
   5) 기온이 영하로 떨어지다니

문법과 표현 ❹ 동-는 대신(에), 형-은 대신(에) p. 152

1. 2) 커피를 마시는 대신에 차를 드세요
   3) 밖에서 운동하는 대신에 집 안에서 운동해요
   4) 테니스를 치는 대신에 배드민턴을 치세요

부록 Appendix

2. 2) 스포츠 센터에 다니는 대신에 집에서 운동해 보세요
   3) 요리하는 대신에 음식을 배달시키세요
   4) 우유를 마시는 대신에 두유를 마셔 보세요

3. 2) 맛있는 대신에 항상 사람이 많아
   3) 가격이 비싼 대신에 품질이 좋거든요
   4) 이 집은 넓지 않은 대신에 지하철역에서 가까워
   5) 일이 힘든 대신에 배우는 게 많아요
   6) 요리하는 대신에 제가 설거지를 할게요

18. 연극

18-1. 흥부와 놀부

어휘   p. 156

1. 2) 관객   3) 대사가
   4) 대본을   5) 무대

2. 1) 보물이   2) 톱으로
   3) 제비가   4) 박이라고
   5) 도깨비

3.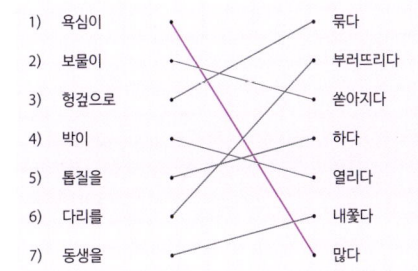

   2) 보물이 쏟아지는   3) 헝겊으로 묶고
   4) 박이 열린   5) 톱질을 해야
   6) 다리를 부러뜨렸다   7) 동생을 내쫓았다

문법과 표현 ❶ 동-는다니까(요), 형-다니까(요), 명이라니까(요)   p. 158

1. 2) 한국에서 열린다니까요   3) 맛있다니까요
   4) 당첨됐다니까요   5) 시험을 안 봤다니까

2. 2) 있었다니까요   3) 게임만 했다니까요
   4) 아니라니까요

3. 2) 출발하자니까   3) 일어나라니까
   4) 설거지 좀 해 달라니까

문법과 표현 ❷ 동-고 말다   p. 160

1.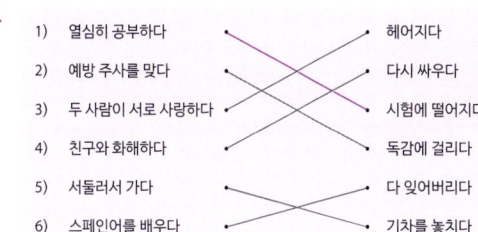

   2) 예방 주사를 맞았지만 독감에 걸리고 말았다
   3) 두 사람이 서로 사랑했지만 헤어지고 말았다
   4) 친구와 화해했지만 다시 싸우고 말았다
   5) 서둘러서 갔지만 기차를 놓치고 말았다
   6) 스페인어를 배웠지만 다 잊어버리고 말았다

2. 2) 잊어버리고 말았어요   3) 죽고 말았어요
   4) 다리가 부러지고 말았어요   5) 떨어지고 말았어요

3. 2) 열심히 달려서 이번 마라톤 대회에서 1등을 하고 말겠어요
   3) 열심히 돈을 모아서 차를 사고 말겠어요
   4) 열심히 연습해서 피아니스트가 되고야 말겠어요

복습 6

말하기   p. 165

5. 예
   1) 고마워요. 면접을 잘 봐야 할 텐데 걱정이에요.
   2) 그 식당 음식이 맛있는 모양이에요.
   3) 만약 복권에 당첨이 된다면 세계 여행을 할 거예요.
   4) 궁금한 게 있으면 무엇이든지 물어보세요.
   5) 안 그래도 지금 청소하려던 참이었어.
   6) 네? 유나 씨가 고향으로 돌아가다니요.
   7) 영화 '첫사랑'을 보세요. 그 영화가 얼마나 재미있는지 몰라요.
   8) 선물을 주는 대신에 같이 여행을 가면 어때요?
   9) 사귀지 않는다니까요.
   10) 아니요. 헤어지고 말았어요.

듣기   p. 166

| 1. ② | 2. ① | 3. ② | 4. ④ | 5. ④ |
| 6. ④ | 7. ④ | 8. ④ | 9. ③ | 10. ① |

읽기   p. 168

| 1. ④ | 2. ④ | 3. ③ | 4. ① | 5. ① |
| 6. ④ | 7. ③ | | | |

모범 답안   189

쓰기

p. 172

1.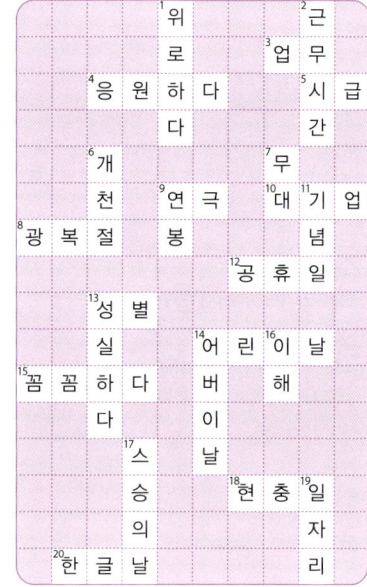

2. 1) 저는 무엇이든지 다 잘 먹어요.
   2) 지금 막 출발하려던 참이에요.
   3) 지수 씨가 시험에 꼭 합격해야 할 텐데요.
   4) 저녁 식사를 준비하는 모양이네요.
   5) 진짜 비가 온다니까요.
   6) 시험에 떨어지고 말았대요.
   7) 아무것도 기억이 나지 않다니요.

3. 1) 그 영화가 얼마나 슬픈지 몰랐어요.   ➡ 몰라요
   2) 날씨가 너무 추워서 밖에 나간 대신에 집에서 쉬었어요.   ➡ 나가는
   3) 만약에 내가 너면 그 사람에게 고백할 거야   ➡ 너라면

집필진 Authors

장소원 Chang Sowon	서울대학교 국어국문학과 교수 Seoul National University Professor at the Department of Korean Language & Literature
	파리 5대학교 언어학 박사 Ph.D. in Linguistics, University of Paris 5
김정현 Kim Junghyun	서울대학교 언어교육원 대우전임강사 Seoul National University LEI Full-time Instructor
	국립공주대학교 국어교육과 박사 Ph.D. in Korean Language Education, Kongju National University
김민희 Kim Minhui	서울대학교 언어교육원 대우전임강사 Seoul National University LEI Full-time Instructor
	이화여자대학교 한국학 박사(한국어교육) Ph.D. in Korean Studies (Teaching Korean as a Foreign Language), Ewha Womans University
박미래 Park Mirae	서울대학교 언어교육원 대우전임강사 Seoul National University LEI Full-time Instructor
	고려대학교 영어영문학 석사 M.A. in English Language and Literature, Korea University

번역 Translator

이수잔소명 Lee Susan Somyung	통번역가 Translator & Interpreter
	서울대학교 한국어교육학 석사 M.A. in Korean Language Education as a Foreign Language, Seoul National University

번역 감수 Translation Supervisor

손성옥 Sohn Sung-Ock	UCLA 아시아언어문화학과 교수 UCLA Professor at the Department of Asian Languages & Cultures

감수 Supervisor

안경화 Ahn Kyunghwa	전 서울대학교 언어교육원 대우교수 Former Seoul National University LEI Professor

도와주신 분들 Contributing Staff

디자인 Design	(주)이츠북스 ITSBOOKS
삽화 Illustration	(주)예성크리에이티브 YESUNG Creative
녹음 Recording	미디어리더 Media Leader

서울대 한국어+
Workbook 3B

초판 1쇄 발행 2023년 5월 10일
초판 4쇄 발행 2025년 9월 8일

지은이 　　서울대학교 언어교육원

펴낸곳 　　서울대학교출판문화원
주소 　　　08826 서울 관악구 관악로 1
도서주문 　02-889-4424, 02-880-7995
홈페이지 　www.snupress.com
페이스북 　@snupress1947
인스타그램 @snupress
이메일 　　snubook@snu.ac.kr
출판등록 　제15-3호

ISBN 978-89-521-3153-9 04710
　　　978-89-521-3116-4 (세트)

ⓒ 서울대학교 산학협력단 · 2023

이 책과 음원은 저작권법에 의해서 보호를 받는 저작물이므로
무단 전재와 복제를 금합니다.

Written by Language Education Institute, Seoul National University
Published by Seoul National University Press

Copyright ⓒ Seoul National University R&DB Foundation 2023

All rights reserved. No part of this publication may be reproduced in any form
without the written permission from publisher.